デキる大人に変わる

ヤンキー流処世術

はじめに

「まだそんなことやっているのか……。いい加減大人になれよ」

今でもあの光景ははっきりと覚えています。人生の転機は何だったかと思い返せば、私は真っ先にこの一言が頭に浮かびます。１９９１年の1月、20歳の成人式にパジャマの上にガウンを羽織っただけの服装で、派手な改造車のエンジンをふかし爆音を鳴らしながら一人遅れて登場した私を見て、同級生が冷ややかな視線でこう言い放ったのです。

当時の私は、超がつくほどのヤンキーでした。不遇な家庭環境も影響してか中学2年生から不登校になり、高校を1年足らずで中退しました。その後は、暴走族に入りけんかを繰り返しては留置場や鑑別所を何度も出入りする日々です。当時は、将来に対して夢や希望もなく、非行に走ることで持て余していた時間を浪費していたのです。

そんな荒れた日々を過ごしていたタイミングで言われたのが、冒頭の一言でした。自分自身も、心のどこかで「このままではいけない」と思っていた部分もあり、腹が立つどころかぐうの音も出なかったのです。社会人や大学生になり、立派なスーツ姿で充実感に満ちた表情の同級生たち……。腕っぷしの強さだけが自慢だった私は、わずか数年の間にここまで差がついてしまったのかと強烈な劣等感を抱きました。

この日をきっかけに更生を誓ったものの、学歴は中卒でコネもカネもありません。そんな状況から脱して自分を見下した同級生を見返すためには、自分で会社を立ち上げて社長になればいい――。そう安直に考え、経営の右も左も分からない状態で後輩2人に声を掛け、20歳でとび職の会社を立ち上げたのです。

創業後は仲間の裏切り、得意先の倒産、多額の負債など何度も何度も理不尽な経験をし、絶体絶命のピンチにも立たされました。そんなときに支えになったのはヤンキー時代に鍛え上げた「突っ張り・見栄張り・欲張り」の精神です。どんな難しい仕事が舞い込んできても最初から「できない」と断ることはせず、どんな相手にも忖度なしで自分の主張をぶつけてきました。そうした強気の姿勢を貫くことで実績を積み上げ、起業から約30年が経過した現在、会社は年商20億円ほどの規模にまで成長しています。

　社会的な成功を目指しはい上がっていくうえで大事にしてきた私の考えを、自身の将来に希望を抱けず、前向きになれない若者に対して発信したいと思い、本書を執筆するに至りました。荒れた思春期時代に培われた「ヤンキー流処世術」を、仕事、カネ、人間関係というテーマごとにまとめています。

　この一冊が一人でも多くの若者に届き、日常生活で抱いている閉塞感を打破するきっかけにしてもらえれば本望です。

デキる大人に変わる
ヤンキー流処世術

CONTENTS

序章

「自分の人生、思い通りになんてならない……」

日々の生活に閉塞感を打開できない若者たち

第1章

ヤンキー流処世術「仕事編」

突っ張り上等！
強気の態度を貫けば仕事はうまくいく

第2章

ヤンキー流処世術「カネ編」

見栄っ張り上等！
使えば使うほど、お金は増える

第3章

ヤンキー流処世術「人間関係編」

欲張り上等！
我を通し続ければ、本物の人脈が築ける

序章

「自分の人生、思い通りになんてならない……」

日々の生活に閉塞感を打開できない若者たち

はい上がってきたからこそ、今の若者に伝えたい

最近、自暴自棄になった末に犯罪に走ってしまったり、飲食店でわざと迷惑行為をして動画をＳＮＳに投稿して炎上してしまったりする若者が相次いでいます。

そうした若者たちを見るたびに、私は暴走族のリーダーとなって日々けんかを繰り返していた頃を思い出します。私自身、恵まれない家庭環境も影響して中学で不登校になってから、先の見えない閉塞感にずっと包まれていました。今の若者たちと同じように特にやりたいこともなく、やるべきことも見当たらず、夢も希望も明確な目標もなく、どのように生きればいいかも分からず将来への不安ばかり募らせ、荒れた生活を送っていました。だからこそ、若い世代のふさいだ気持ちは理解できます。

しかし、たとえどんなに厳しい境遇にあっても、自分が動くことで人生は変えることができると私は思っているのです。

私は成人の年齢に達したことをきっかけに仲間たちに声を掛け、とび職の会社を立ち上げ、建築業の仕事を始めてからはどんな仕事も断らず懸命に働いてきました。現在は年商

20億円規模の会社の社長を務めています。自らを見下してきた人たちを見返してやろうという決心が私を突き動かしてきました。そして今、私を支える原動力になっているのは人の役に立ちたいという使命感です。

私はこの本で、少しでも今の時代、多くの若者たちに私が大事にしてきた、ヤンキー流処世術について知ってもらうことで、人生は自分の力で変えられるのだということを伝えたいと考えています。

新型コロナウイルスが若い世代に与えた不安感

2020年春以降続いてきた新型コロナウイルスの感染拡大による、いわゆるコロナ禍が若者の将来設計に大きく影響を与えたことは間違いありません。

コロナ禍は若者の就労面で暗い影を落とし、2021年7月に厚生労働省が発表した『労働力調査』によると、15～34歳の非正規雇用率は、33・5%となりました。特に20歳未満の非正規雇用率は高く、58・6%に達しています。女性の非正規雇用率は男性よりも高く、41・1%となりました。ただでさえ安定した雇用を得るのが難しいのに、コロナ禍が拍車をかけた格好です。

私の会社の若い社員たちを見ても、長引くコロナ禍のなかで先の見えない不安感を抱えている様子がうかがえました。若い世代が不安を抱くことは無理もないと思いますし、10代だった頃の私も内心同じような先の見えない不安感を持っていたようにも思い出します。

「親ガチャ」に外れ、「片親パン」の境遇であったとしても、まず行動を

自分の力だけでは、周囲の状況は変えようがないと思い込んでいる若い人は少なくありません。世間やネットなどで「親ガチャ」とか、「片親パン」といった言葉も飛び交っているのを見かけます。

「親ガチャ」とは、カプセルトイを引くガチャゲームになぞらえて、自分の持って生まれた才能やルックスや生活環境は、どんな両親のもとに生まれてきたかで決定される——。運動神経や学力、経済力なども親の経済状態や能力によって左右されてしまうという考え方です。

さまざまな統計を見ても、親の学歴は子どもの学歴に影響を及ぼし、収入が多い家庭の

子どもほど高学歴な人が多いという傾向はあります。親が医師である家の子どもが医師になったり、政治家である親のあとを継いで政界に入って政治家の道を歩んだりするケースが典型的です。ＳＮＳなどでは「自分は親ガチャに外れた」といった、自分の人生を悲観した投稿を目にするようにもなりました。

「片親パン」とは、ひとり親家庭の子どもが細長い袋に4〜5個入ったクリームパンやチョコパンを食べて育つ、という意味です。私自身、菓子パンはとてもおいしいし好きですが、「片親」という言葉がいささか差別的な表現でネガティブな印象を与えます。片親という境遇も、子どもの立場から見れば自らの力ではどうしようもないものです。

確かに、親ガチャや片親パンの言葉は、今の時代に多くの若者が無力感を抱き、未来や社会に希望を持てていないことを象徴しているとも感じますし、自己肯定感の低い人が多いことも反映しているように感じます。

私自身、家庭環境から見れば恵まれず、まさに親ガチャには外れていたと思いますし、10代の頃は学歴もカネもなく、どうせ自分の人生なんてロクなものではないと、どこか悲観的な思考を持っていました。

しかし、たとえ自分が親ガチャに外れていたとしても、片親パンに該当する境遇であったとしても、自分自身が人生を諦めてしまい、その場でうずくまっていては、とてももったいないと私は思うのです。

人生は一度きりであり、かつ若いときの時間の価値は計り知れません。自分でまずは立ち上がって前を向いて一歩踏み出し挑戦していけるかどうかで、その先の道が開いていくのかの可能性は大きく変わってくると私は信じます。ぼう然と立ち尽くしてしまうのではなく、なんでもいいから行動を起こすことが肝心ではないかと、これまでの人生を振り返っても強く感じます。

八方ふさがりのピンチは、むしろ人生最大のチャンスである

最初の一歩を踏み出していくのにあたっては、別に大層なことをしようと慎重になって身構える必要はありません。私なりに言うならば、むしろ、思う存分に自分らしく、思いっきり突っ張ってみたり、ハチャメチャで破天荒なくらいに、いわゆるハッタリをかましてみたりするくらいでもいいのです。とにかくどうやっても個人の自由ですので、周囲

に笑われようがなにされようが気にする必要はありません。

行く手のないような閉塞感いっぱいの、八方ふさがりのピンチは、見方を変えれば先の人生を切り開く、最大のチャンスなのです。

生き抜いていくための「仕事、カネ、人間関係」

若い人たちが抱える悩みや不安というのは、お金や仕事に対する具体的な不安があるからこそ、未来への希望が持てないと見ることもできると私は思います。ですからお金や仕事に対する考え方や、とるべき基本的なスタンスがある程度定まってくるのであれば、未来も次第に明るく思えるようになるはずです。

若い人たちがなによりも人間関係の良い職場を望むのは、社会生活で対人関係に不安を覚えているからにほかなりません。人間関係も、若い人が未来への希望を失わないための重要な要素になると思います。

自分自身10代の頃社会からいったんはドロップアウトしてしまいました。しかし、今のままではいけないと強く自覚し、なんとかどん底からはい上がってきたのです。

なぜ今回、建設会社の社長である私が若い人に向けた本を執筆するに至ったのかというと、未来を担う若い人たちが未来に希望が持てず途方に暮れている世の現状を変えたいという強い思いがあるからにほかなりません。自分の会社の若い社員たちに対してなんとか希望を持ってもらおうとさまざまなメッセージを伝え続けてきたつもりであり、本書を通じてより多くの人に思いを届けたいと考えました。

仕事に関しては職場の人間関係や賃金の高さとともに、やりがいのある仕事ができるか、尊敬できる上司や先輩がいるかどうかなどが未来への希望を持っていくうえで基本的に欠かせない重要要素になると私は思います。

そこで私が特に重要と考える「仕事」「カネ」「人間関係」の三つに関して、人生のどん底からはい上がってきた私がこれまでの体験を通して体得した基本的な対処法と考え方、壁にぶつかったときの乗り越え方などを示していきたいと思います。

第1章

ヤンキー流処世術「仕事編」

突っ張り上等！
強気の態度を貫けば
仕事はうまくいく

「失敗」なんてしないほうが
いいに決まっている！
ロスなく、最短距離で
成果を出し続けろ

昔から、失敗は成功の母とも、失敗から学ぶことは多い、若いうちはたくさん失敗せよともいわれています。

しかし、私の考えは違います。若いときこそ、わざわざ失敗などしなくていい、むしろできる限り失敗せず、ロスなく進んでいってほしいと願っています。

人生の時間には限りがあります。失敗には新たな可能性が秘められているのを否定するつもりはありません。ゼロからイチを生み出すようなクリエイティブな職種であれば、幾千の失敗のあとに世の中を変える発明につながり、時間をかけてでも成功をつかみ取る価値はあります。

ただし多くの場合、社会に出てわずかしか経っていない人が担う役割は大きくないと思います。起業家や芸術家ならともかく、一般的には実力や経験がなくともできるような業務をあてがわれ、仕事や業界について学びながら進んでいくものです。ですからできる限り失敗を減らし、ロスなく知識や技術を身に付け、少しでも早く自らに求められる役割を十分に果たせるよう成長するのがベストです。最初から失敗続きでは、自らの能力や可能性を試せるポジションまでくるのに時間がかかり、その先にある成功にたどり着くのも遅れてしまいます。

私自身は若い時代にイチから試行錯誤し、失敗を重ね、ようやく成功にたどり着くという経験を何度も繰り返したことを今、後悔しています。

知識も経験もないまま、勢いだけで建設現場への人材派遣の会社をつくったのは、20歳の頃です。人材派遣というと聞こえはいいですが、かつてつるんでいた仲間を2人引き連れ、自らも含め建設現場で働いていたのです。とはいえ立場上は社長であり、社内の上司や先輩といった仕事を教えてくれる存在はいませんから、あらゆることをゼロから学び、積み上げていくしかありませんでした。

多少なりとも建設業の知識があれば、スムーズに正解を見つけられたであろうところを、他人の何倍も時間がかかるようなことがしょっちゅうあり、そのたびに現場監督から怒鳴られていました。

仲間に給料を払い続けていくためにも、とにかく体力が許す限り働き続け、一刻も早く経験を重ねるしかありませんでした。20歳のときは、毎日8時間以上は現場に詰め、休んだ記憶もほとんどありません。そこまでやって、3年ほどでようやく人並みに建設業に関する知識と経験が身に付いてきました。

もし私がいきなり独立などせず、まずはどこかの会社で働いて仕事を教えてもらっていたなら、おそらくもっと早くに同じところまでたどり着いていたと思います。

無謀なチャレンジは若さの特権という見方もありますが、実社会で勢いだけでなんとかなることは、ほぼないと考えておくべきです。仮にうまくいったとしても、そこまでに膨大な時間がかかるはずで、振り返るともっと効率のいい別の道があったことに気づくものです。まさに私がそうで、若き日に無用な失敗で費やした時間を取り戻せたなら、今よりも会社を大きく育てられただろうと感じています。

日々の仕事にあたる際にまず考えてほしいのは、どうすれば失敗せずに済むかです。最もリスクの低い方法を探すということでもあります。ただし、安全性を求めるあまり時間をかけ過ぎてしまっては本末転倒です。作業の一つひとつはできる限りロスなくこなす工夫が必要です。多少コストをかけてでも既製品を活用したり、最新のシステムに合わせて自分のやり方を変えたりして生産性を高める努力が求められると思います。

日常的な作業だけではなく、新たな技術を身に付ける際にも、できるだけロスのないやり方を選ぶほうがいい場合もあります。

例えば和食の職人の代表格、すし職人の技を本気で体得しようと思えば、10年や20年の時間が必要であると考えられてきました。職人の側も仕事は見て覚えろ、というスタンスが多く、また見習いとして職人のもとに弟子入りしてもおいそれとは板場に立たせてもらえないのが一般的でした。

しかし、近年はかつての常識を覆し、すし職人を養成するための専門学校が登場しています。手取り足取り指導を受ければ、ものの数カ月で人前に立つだけの技術が身に付くといいます。

昔ながらの職人の世界を否定する気は毛頭ありません。自分がほれ込んだ職人の技を受け継ぎ、後世に伝えることは大いに意義があると思います。

一方で、すし職人として一刻も早く店をもち、経営の経験を積んでいずれは世界展開したいと考える人がいるとすれば、夢の達成のためにまず専門学校に通うほうが、より時間のロスが少ないルートといえます。失敗の可能性を減らしつつ、できる限り時間のロスなく実力を備えていくという選択が、のちの人生の可能性を大きく広げてくれることがあるのです。

最初からやりたいことが
できると思うな
目の前の仕事に責任を
持つのが第一歩

仕事について考えるにあたって心に留めておきたいのが、最初から好きな仕事はできない、いきなり理想の仕事には出会えない、という現実です。誰しもが自らの好きな仕事をして生きていきたいと思っても、特に若い頃はうまくはいきません。

どんな業界でもやりたい仕事に就くには多くの場合、まず下積みが必要になります。実力をつけ実績を挙げ、組織内でポジションが上がり、次第にやりたい仕事に近づいていくのが通常です。

自分の好きなことと結びついた業界や会社に入ればまだいいほうで、生活をしていくために興味関心とはあまり縁のない仕事に就く人も数多く存在します。むしろそのほうが一般的かと思いますし、考え方次第でポジティブにとらえることができます。

自分がまったく知らなかった仕事や業務をこなすのは、すなわち自らの可能性の幅を広げることです。時に思いがけない才能が開花したり、新たな興味や関心と出会ったりする可能性もあります。ですから社会に出るタイミングが来たら、思い迷って足踏みをすることなく、まずは自分の目の前に現れた仕事に就いてみることも大事なのです。

私の場合も特にやりたいことがあったわけではないのですが、ひとまずお金を稼ぎたかったので、学歴も知識も関係なくできる数少ない仕事であった建設業の道に入りました。まさか建築業が一生の仕事になるなどとはつゆほども思っていません。

しかし、次第に建設現場で仕事ぶりを認めてもらうことが多くなり、自分の下で働く社員の数も増えていき、やりがいを感じるようになりました。

仕事の魅力は働いてみなければ分からないものです。私にとっては、ただの肉体労働に過ぎなかった建設業の仕事も、自らが携わって完成した大きなビルを下から眺めたり、給料袋をじかに手渡して社員たちが喜ぶ姿を見たりしているうち、いつしか誇りを持って取り組める仕事に変わったのです。

なぜこのような変化が起きたのかというと、社員たちを守らねばならないという責任感が芽生えたのがきっかけだったように思います。仕事でもうまくいかなければ、相手が悪いなどと、ほかに責任をなすりつけて自尊心を守ろうとしがちです。しかし他責思考で動いているうちは責任感など芽生えず、いつまで経っても仕事のやりがいや面白味にはたどり着けません。

仕事に責任を持つのは社会人として当たり前のことで、組織で仕事の責任を果たしてこそ給料がもらえるわけです。自らの責任をまっとうする気持ちがなければ、いつまで経っても真剣に取り組めず、環境や待遇に愚痴と文句ばかり言う人間になってしまうため注意が必要です。責任感は仕事と向き合うための第一歩です。とはいえ、どんな仕事でも責任感を持って続けていれば必ずやりがいを持てるとも言い切れません。運動神経の悪い人がプロスポーツ選手を目指すのは無理があるように、やはり相性は存在し、どうしても合わない仕事もあると思います。

人生で時間ほど貴重なものはありません。仕事についても、どう頑張っても受け入れられないものなら早々に見切りをつけるのが大切です。

「石の上にも3年」などというほど長くとどまる必要はありません。私は新入社員に、1年いれば会社や仕事との相性は分かるはずだから、その後に続けるか辞めるか考えてほしいと言っています。1年全力で取り組んでみて、どうしても責任感が芽生えず、ひとごとにしか思えないなら新たな道を模索するのも一つの方法です。

キャリアプランなんて
描くな
ただひたすら
ナンバーワンで
あり続けろ

仕事を選ぶ際に多くの若者はまずキャリアプランを描き、プランに合わせた仕事を探そうとします。しかし、そうして早くから自分が歩む道を決めてしまえば、ほかの新たな可能性を探求するのが難しくなります。

キャリアプランどおり成功を収めていくのが当たり前という考えになると、ほかの人生は認められないとばかりに自分を追い込みかねません。明確過ぎる目標や現実的なキャリアプランは、時に自らの可能性を制限するということは、知っておいてほしいところです。はっきり言えば、若いうちはキャリアプランなど不要です。まずは現在の自分ができる仕事、目の前に現れた仕事に全力を尽くせば、自然に次のステップが明らかになっていくのです。

キャリアプランという指針の代わりに目指すべきなのは、自らがおかれた場所で、ナンバーワンになることです。負けず嫌いだった私は、小さい頃からなんでも1番にならねば気が済みませんでした。かけっこも根性試しも勉強も、とにかく1番でいたかったのです。道を踏み外してからも暴走族で総長を目指し、社会に出ても組織のトップである社長と、ナンバーワンにこだわってきました。

とはいえ実力も経験もない若造がいきなり頂点をとれるほど、社会は甘くありません。建設現場では最初、当然のごとく最下層の扱いを受けました。

それでも私はナンバーワンを狙いました。具体的には、建設現場で最も使い勝手のいい人材を目指したのです。とにかくなんでもやることが大切でした。自らの仕事内容を限定せず、建物の解体、荷物の運搬、現場の掃除、雑用までできることはすべてやりました。すると次第に、周囲からは、あいつがいると便利だ、使いやすいといった評価が広まり、仕事が増えていきました。増えた仕事をこなすために組織を拡大していったことが、現在の会社へとつながっています。

もし私がとび職人になると決めていたら、建設現場でもとび職以外の仕事はやらなかったと思います。腕のある職人のもとに弟子入りし10年の修業ののち、独立するといった現実的なキャリアプランを描き、生涯一職人で終わっていたと思います。今の会社の経営者になれたのは、紛れもなくやりたいことを、自分のなかで固め過ぎなかったおかげです。

若いうちはやりたいことなどあいまいでいいのです。努力を積み重ねれば、いずれ必ず新たな道が拓けるので、将来について仕事に就く前から思い悩む必要もありません。

唯一気をつけねばならないのは努力の方向性を間違えないということです。

ボクシングの世界で例えるなら、仮に自分が現役の世界チャンピオンをしのぐ才能の持ち主であったとしても、いきなり世界チャンピオンを倒すための練習をするというのは、誤った方向の努力であり現実的とはいえません。世界の舞台に立つには、まずプロのライセンスを取得しランキングを上げて国内チャンピオンになるのが最低限の条件です。その後は東洋太平洋のチャンピオンを獲得するなどで知名度を上げ、そこまでできてようやくおぼろげに世界タイトル戦が見えてきます。いくら才能に恵まれていてもある程度のステップを踏まねば頂点には立てないのが、社会のルールといえます。

まずは自らが属する業界のルールを知り、その時々で現れる壁を乗り越えるための努力をするのが正しい方向性です。一足飛びで成果を得ようなどとは考えず、目の前にきた仕事でナンバーワンを目指すのが、結果として夢や目標への最短距離であるというのが私の結論です。

無駄なプライドなんていらない変化を恐れない者が生き残る

私が株式会社を設立して30年以上が経ちました。経営者としてそれなりの時を過ごしてくると、経営哲学はなにか、どんなことにこだわって経営してきたのかといった質問を受けることもあります。

そうした際に私は決まって、そんなものはないと言っています。すると多くの場合、不思議そうな顔をされます。長い間経営を続けることができているのだから、経営哲学やこだわりの一つは必ずあるだろうとみんな考えているのです。

しかし何度聞かれても、答えは同じです。特定の哲学やこだわりを持たないというのは、すなわち、やりたいことを固め過ぎないことと等しく、その分、柔軟に変化していけるのです。強いて言えば、「こだわりを持たないのが私のこだわり」だと考えています。

現代のビジネスのサイクルは短くなる一方であり、状況は絶えず移り変わります。地方の中小企業が生き残っていくためには、時代の流れに合わせて自らのあり方を変化させていくのが重要です。

進化論の著者ダーウィンの言葉に、「強い者、賢い者が生き残るのではない。変化できる者が生き残る」というのがあります。中小企業にもまさに当てはまる言葉です。創業事業や過去の成功にこだわるほど時代に合わせた変化が遅れ、結局は淘汰されてしまうのです。

私がそのような話をすると、経営者としてのプライドはないのかと言われたりもします。正直、私にはプライドもありません。仮に自分が完璧な経営者であったなら、あるいはプライドを持って経営道を大手を振って歩いていただろうと思います。しかし実際には未熟な面も多く完璧とは程遠い自分が、プライドを語るなどおこがましいと考えています。

若い頃は、とにかくプライドが高く、自らのあり方に強いこだわりを持って生きている人が多いものですが、何者にもなりきれていない若者がこだわりばかりを主張し、プライドをひけらかしたところで、社会では誰も相手にはしてくれません。むしろプライドは、自分の足を引っ張る要因ともなります。なぜならプライドは、怒りという感情と密接に関わるものだからです。

プライドが高い人ほど、他人から否定されたと感じるとかっと怒りやすいものです。しかし、短気は損気のことわざのとおり、直情的な怒りや衝動的な行動は、結局自分にとっても周囲にとってもマイナスになることが多いです。頭に血が上って相手に悪口を言ってののしったり、感情に任せて上司に辞表を突き付けたりすれば、間違いなく後悔します。

怒りとは、時に自らの人生を壊すほどの厄介な感情なのです。少なくとも仕事をするうえでは、怒りという感情はいらないと私は思います。

私は、ヤンキーだった少年時代から自分がかっとしないよう、感情をコントロールすることを心がけてきました。けんかをしても、一見すると怒りに燃えていたほうが強そうですが、怒りに身を任せても本来の力は発揮できません。心を静めて冷静に状況を見極め、相手の行動を読むようにするほうが、勝率が高まります。また仲間を統率するにしても、怒りをぶつけてばかりではいずれ人間関係が壊れます。たとえ正当な理由があっても、しょっちゅう怒っている人間には誰しも関わりたくないものです。いかに怒らずに、周囲に一目置かせるかがリーダーの腕の見せ所といえます。もし怒るとしても、感情的ではなく冷静にその効果を見極めたうえで、駆け引きの一つとして怒るふりをするようにしてきました。

当時の私はまだ知りもしませんでしたが、ネガティブに作用する怒りの感情をコントロールすることをアンガーマネジメントと呼びます。そもそも怒りの感情とは、こうあるべきだという強いこだわりと、相手に対するマイナスの感情の二つがかけ合わさって湧いてくるものです。どちらかを小さくできれば、怒りの炎のサイズも抑えられ、すぐに鎮火しやすくなります。そしてこの一つこそプライドであり、プライドがなければ怒りが湧く回数を減らすことができるのです。

自分については、プライドやこだわりをあえて持たないことで、ある程度怒りをコントロールできますが、他者の怒りについてはどうしようもありません。特に仕事で怒りっぽい人間と接しなければいけないような場合、どんなに気を使っても、何かしらの理由をつけて怒りの感情をぶつけられる可能性が高いです。

そうした際に、いつもやられっぱなしで相手の顔色をうかがうばかりでは、いつか自分の心が病んでしまいます。理不尽な怒りをぶつけられたら、自らもまた怒りで対応し、相手からなめられない状況をつくる必要があります。自らの怒りとは、直情的なものではなく、静かで氷のように冷たい、冷静な怒りをイメージするといいと思います。

感情に任せて怒っている相手ほど隙が多いものです。怒りが論理的思考を上回り、ただ相手を畏怖させることのみが目的となっていることがほとんどです。一方で、まずは冷静に言い分を聞き、矛盾点や誤りといった反撃材料を集めていきます。ポイントとしては、その場で反撃しないことです。頭に血が上った人間と真っ向からやりあっても火に油を注ぐばかりで、建設的な議論にはなりません。相手が冷静さを取り戻したあとにきっちりと反撃をすることで、これは厄介だと相手の心理にすり込むことが大切です。

自分の都合で動く人間は
いつまでも二流
組織内での役割を
完璧に実行せよ

若い時には誰もが多かれ少なかれ自己中心的になるものです。

15歳で暴走族のトップを張り、周囲の人の言うことに耳を貸さずに育ってしまった私は、当時まさに自己顕示欲の塊でした。精神的にはまだまだ幼いメンバーたちを統率しグループ内で意のままにふるまうためには、自らの力を誇示する必要もあったのです。けんかざんまいの日々を送り、敵対する組織のボスを倒したりもしました。

しかし、暴走族の人数が増えていくと次第に、腕っぷしの強さだけでチームをまとめることに限界を感じるようになります。確かに私は恐れられ、個人として挑んでくる人は誰もいなかったのですが、一方で複数の人間をまとめて力で抑え込むのがいかに難しいかが分かってきてもいました。これまでどおり周囲の意見に耳を貸さず、自分の好きなようにふるまうほど、仲間たちの不満が高まっていったのです。

ある日、私は反乱グループに囲まれました。いわゆるクーデターであり、いくらけんかが強いといっても、多勢に無勢なら間違いなく負けます。ヤンキー漫画の主人公のように、一人で何十人もの敵を打ちのめすことなど現実には不可能です。プロの格闘家であっても、一度に戦えるのはせいぜい3人ではないかと思います。もし相手が3人以上で、しかも武器を持っているような状況なら、誰であっても無用なプライドなど捨てて迷わず逃げるというのが正解です。

私もその場は逃走し、後日、他のメンバーとともに反乱を鎮圧したのですが、自分が率いてきた組織がいかに砂上の楼閣であったかを思い知りました。

そしてまた、結局のところ自分一人の力などたかが知れているということが、身に染みて分かりました。

仮に日本一けんかが強かったとしても、自己中心的な考え方ばかりする総長なら、いずれメンバーたちの心は離れ、チームを維持できなくなります。自分勝手なことばかり言うリーダーについていきたい人など、まずいないからです。

そうしてチームが消失すれば、暴走族の総長という肩書きも、当然なくなります。そんな事態にならないためにも、自己中心的な行動は控え、周りの仲間をうまく引き立てるような行動が求められます。今後も暴走族を率いて地域や県内でのし上がっていくには、個の力よりもチームを動かせる力を持った存在にならなければならないと考えるようになり、それ以来常に冷静に状況を判断し、自分を抑えて組織としての望みを優先させるようにしました。

社会に出て仕事をするうえでもまったく同じことがいえます。そもそも仕事とはどのようなものかの本質を考えれば分かります。

仕事とは、生活やお金のためにするものと思っている人もいると思います。確かにそれは仕事をするべき理由の一つではありますが、仕事自体はお金を稼ぐために存在するものではありません。

仕事の本質は、他者のために働く点にあります。社会では、自らの時間を費やして誰かの役に立つ行動をとり、満足させる対価として給料がもらえるという仕組みになっています。したがって、どれほどの才能の持ち主であっても、一人だけですべてを完結させお金を稼ぐことはできません。

個人で活動するユーチューバーは一見するとすべてを一人でこなし、自分の才覚のみでお金を稼いでいるように思えます。しかしユーチューバーという職業は、ユーチューブというプラットフォームから収益を得られる仕組みが存在して初めて成り立つものです。プラットフォームを運営する会社には数多くの人が働いていて、配信を支えています。ほかに動画を見てくれる視聴者、さらにはそこに広告を出すクライアントがいなければ、収益が得られません。

仮にそうした既存のプラットフォームを一切使わず、自力で配信システムを開発し、ゼロから視聴者や広告を集めるなど、あらゆることを自らやるとしたらどうかといえば、まずそのために必要なすべての知識と技術を身に付けるだけでも膨大な時間を要し、個人でこなせる作業量にも限界があります。

会社での仕事も同じで、それぞれが役割をこなすことで組織全体として世の中に貢献し、その見返りに収益が得られ、それが社員たちに分配される仕組みです。たとえ社長であっても、組織のなかの役割の一つに過ぎず、自分だけではなにもできません。

社会でも、やはり自分一人の力などたかが知れており、他者とともに仕事をして初めて各個の生活が成り立っているのです。ですから社会で活躍するための条件としては、自分勝手な行動はできるだけ慎み、自らの属する組織やコミュニティに対し自分がどのように貢献するかを考えるというのが最も重要になってきます。

いくら才能に自信があっても、自己中心的な行動ばかりしていては、仕事での成功はありません。いつまで経っても二流、三流です。まず組織やコミュニティのなかで自らに求められる役割を冷静に把握し、完璧にこなすことで、より高いステージが見えてきます。

「行き当たりばったり」では成果はでない徹底した準備が勝敗を分ける

暴走族の総長というと、粗暴で頭脳よりも腕力にモノをいわせて周囲を従えていくイメージを持つ人は多いと思います。確かに時には腕っぷしの強さも求められますが、力だけで束ねられるのはせいぜい数人で、そんな小さな組織では、一瞬で敵対勢力に潰されてしまいます。

20人や30人規模のチームを率い、地域で頭角を現すようなチームを率いる総長は、むしろ腕力よりも頭が切れ、最も効果的なタイミングでしか腕力に訴えないものです。

誰彼構わずけんかを吹っ掛けて強さを示すとして、万一負けてしまえば、チーム内での自らの威信は地に落ちます。大きなチームの総長ほど、ハッタリや脅しを駆使して、できる限りけんかを減らす、リスクコントロールをとっています。目が合ったから、などと行き当たりばったりでけんかをすることはまずありません。

私も、総長になる前はほぼ毎日、けんかをしていた記憶がありますが、総長になり、自分一人の力などたかが知れていると理解して以降はむやみに争いを仕掛けるのを止めました。同時に、相手からけんかを吹っ掛けられないような状況もつくっていきました。

例えば自分のバックにより大きな組織がついていると感じさせたり、反社会的勢力の影を装ったりして、できるだけ戦わないほうが賢明だと周囲に思い込ませるような言動を意図的にとっていました。そうした行動が抑止力として働き、リスクコントロールにつながるわけです。

それでも、戦わねばならない場面がどうしても出てきます。

規模的に同格のチームを併合しようとする場合、全面戦争を仕掛けたなら被害は甚大なものになります。警察も動き、組織が解散する引き金になりかねません。そんなリスクを回避するためトップ同士の一対一、タイマンでけりをつけることがあります。その際は引いてはならず、総長としてふさわしい力を持っていると誇示しなければなりません。いわば、負けたら終わりの戦いです。今後もトップとしてチームを率いたいなら、なんとしてでも勝たねばなりません。

勝つために重要なのが準備です。相手の癖や弱点はもちろん、どうすれば屈服させられるか、どのような状況に持ち込めば勝率が上がるか、どういったルールなら自分が有利になるか、事前に徹底して考えたうえで、戦いに臨む必要があります。

暴走族の総長ならけんかは強くて当たり前であり、実力が伯仲することも多いです。どれだけ準備をしたかが勝敗を分けるといっても過言ではありません。

私は一度も自分を過信したことはなく、いざけんかをすると決まれば、勝って当たり前と思えるまで徹底的に準備をしました。ですから一対一の勝負では常に勝利を収めてきました。勝つたびにチームの規模はより大きくなっていきました。そうしてリスクに見合った成果が得られるからこそ、勝つ意味があったわけです。

社会人になったあとも総長の経験が生きていると感じます。仕事で若さからくる自信や強気の姿勢があるのはまったく悪いことではありません。むしろ最初から臆せず先輩や上司と渡り合ったり、進んで自分の意見を述べていったりすると一目置かれます。

ただし、自らの力を誇示しようと、誰彼構わず論破していくようなやり方は愚策です。その場では相手をやり込めたとしても必ず恨みは残り、いつの日か逆襲される可能性があります。社内ではまず自らの役割をよく理解したうえで、できるだけ敵をつくらない立ち回りをするのが、リスクコントロールであるといえます。

仕事の実力がついてくれば、いずれ表立って戦うべきときが必ず訪れます。営業職で顧客を取り合ったり、競合他社とのプレゼンテーションに臨んだりと、絶対に成果を残したい場面があるものです。

そうした戦いで、自分は仕事ができるほうだから、まあなんとかなるだろうなどと、安易な気持ちで臨むようでは一生、勝者にはなれません。あらゆることにいえますが、行き当たりばったりで結果が出るほど、社会は甘くはありません。

自らの能力をフル活用しても負ける確率のほうが高いような大勝負でも確実に成果を出そうとあらゆる努力をする姿勢が、勝ちを引き寄せます。

どんな仕事でも職に就いた以上はプロフェッショナルとして働くことを期待されています。自分に与えられた役割をこなし、確実に成果を出し報酬に見合う働きをするのがプロフェッショナルです。

確実に成果を出すには徹底した準備をするしかありません。

メジャーリーグで前人未到の記録を打ち立てたイチロー選手は、準備というのは、言い訳の材料となり得るものを排除していく、そのために考え得るすべてをこなしていくことであると述べています。グラブの手入れを怠ったとして、もし次のゲームでたまたまよくないプレーが出れば、グラブを手入れしておけばよかったという後悔が生まれます。そういう要素を思いつく限りなくし、完璧と思える状態まで持っていくのが、プロとして徹底した準備をすることなのです。

ハッタリ上等！
虚勢はどんどん、
張っていい

暴走族にいた頃の私は、ハッタリによってリスクコントロールをとっていました。今、会社の経営でも同じテクニックを駆使しています。

社会でハッタリと聞けば、あまりいい印象を持たない人が多いと思います。

しかし、私にとってハッタリは、勝負や交渉事で自分を有利な立場におくために欠かせないもので、ヤンキー流処世術のなかでも重要なものの一つです。

中国の兵法家、孫子は「兵は詭道なり」と語り、相手の虚をつくことが戦いの本質であると説きました。まさにそのとおりで、特に小さい兵力でより大きな相手を打ちまかすような場合には、こうした戦略は不可欠であり、嘘もハッタリを生み出すための極めて有効な戦略の一つです。

ハッタリの最終的な目的は、戦わずして勝つことにあります。ハッタリをきっかけとして、周囲のライバルたちに、あの人が仕切っている案件に手を出すと痛い目に遭うとか、どうせ勝てないのだから、争っても無駄だとか思わせることができれば、争わずとも自分の力を増大していけるのです。

そもそもハッタリの意味は、相手を威圧するために、大げさな言動をしたり強気な態度をとったりすることです。語源には諸説あり、賭場で胴元が客に勝負を促すため「張ったり、張ったり」と声を掛けていたのが転じた言葉ともいわれます。

私が会社をつくった当時、金もコネもない状況で仕事をとってくるには、ハッタリをうまく使うしか手段がありませんでした。仕事を任せるに値する存在であると思ってもらうため、少しでも自分を大きく見せようとしていました。自らがまったく経験したことのないような仕事内容の相談を持ち掛けられたとき、さもできて当然という顔をして、私は分かりました、問題なくできますと即答します。今の私の会社では難しいと思える仕事がきたときも、難しいとは表には出さずに、承知しました、ぜひやらせてください、と自信満々に答えます。

新人のうちは自らの経験や能力が足りないからこそ、あえて強気の態度を貫いたほうがチャンスは回ってきやすいといえます。

もちろん実際には手掛けたことのない仕事や手に余る仕事を引き受ければ、その後大変な思いをすることになります。ハッタリをかまして自らの能力以上の仕事を引っ張ってきているのですから当然です。

しかし、だからこそ、そのときの自分の限界を突破し、能力をより高めていけるのです。ハードな仕事をやり切った先には、顧客からの信頼や新たな知識や技術の習得という、すばらしい成果が待っています。ハッタリは自らを成長させるきっかけともなるのです。

人を率いるうえでもある程度のハッタリがあったほうがまとまりやすくなります。創業当時、私のもとに集まってきた社員たちはいずれも社会のはみ出し者で、不良、不真面目を看板として青春時代を過ごしてきていました。そんな社員にまじめに働いてもらうには厳しさも必要でした。ただし、彼らのようなある種の気骨のある人間に対し、怒ったりしても逆効果です。それより実際にはない権力者とのつながりを暗に示すなどして、逆らうと怖いと思わせるほうが従ってくれます。

これはあくまで私の場合ですが、人を率いる立場になったならできるだけ自分を大きく見せるほうがいいというのは変わらないと思います。

こうしたハッタリと嘘とは本当に紙一重で、いかに嘘をつかず虚勢を張るかというのが一つのポイントになります。例えば、実際には親しくない有力者について述べる場合、会話でそれとなく有力者の名前を出すのはハッタリですが、有力者と知り合いであると言うのは嘘になってしまい、大きく違います。ハッタリはあくまで、匂わせたり、暗示したりするもので、明言してしまった段階で嘘に変わります。

私も以前、ハッタリのつもりでつい嘘をついてしまい、慌てた経験があります。

営業に行った際、相手から社員は何人くらいいますかと企業規模について聞かれました。そのときの正社員の数は8人ほどだったのに、私はついグループ全体で70人くらいと言ってしまいました。ただ、社員数の実態など調べればすぐに分かります。のちにその人と会った際「70人もいないじゃないですか」と苦言を呈されました。

そこで私は、「グループ全体と言ったじゃないですか、夜の街のママたちも、実はうちのグループですよ」と冗談を言ってごまかしましたが、その場では大いに信用を失いました。もう仕事の依頼を受けたあとだったため、成果を挙げることで少しずつ信用を回復していったもののマイナスから再び信頼されるようになるには多大な労力と時間がかかります。嘘には、信頼を失くすリスクがある点を忘れてはいけません。

世の中に嘘も方便という言葉があります。方便は仏教用語で、衆生を真の教えに導くために用いる仮の手段を指すといいます。すなわち、嘘をついたとしても相手をより幸せに導けるならまあいいだろう、というわけです。実社会でいえば相手を喜ばせたり楽しませたり、傷つけないよう守ったりするための嘘は方便としてある程度容認されるものだろうと私は考えています。

一方で絶対についてはいけないのは自らの利益を目的として人をだましたり、おとしめたり傷つけたり迷惑をかけたりする、自分本位の嘘です。誰が相手であっても悪意ある嘘をつけば必ず自分へと跳ね返ってきて、数を重ねるほど人生が悪いほうに転がっていきますから、くれぐれも注意してほしいと思います。

交渉は、勝負事ではない
ハッタリを駆使して
合意をつかめ

ハッタリが最も効果を上げるシーンの一つが交渉事です。

とはいえ、なにも考えずに臨み、その場しのぎでハッタリをかましても、成果は期待できません。まずは交渉の本質を理解し、有利に運ぶための準備をしたうえで、意図的にハッタリを用いることで、初めて効果を最大限に引き出すことができます。

仕事をしていれば、大なり小なり交渉が必要な場面が出てくるものです。クライアントや競合相手の交渉はもちろん、上司に対し自らの意見を通すための交渉から経費の交渉まで、交渉事は日常的に存在しています。

あらゆる交渉の前提として考えておかねばならないのが、ゴールです。

これだけは譲れないとか、ここまで実現できるならOKというように、最低条件と許容できる範囲を決め、ゴールに据えると交渉すべき内容がクリアになります。

交渉に臨むうえでの心構えとして大切なのは、勝とうとしないことです。相手を言い負かし、自分に有利な条件を勝ち取るための勝負が交渉であると考えるのは大きな間違いであり、交渉が上手な人ほど、できる限り勝ち負けのつかない形で決着させるのを意識しています。

なぜ勝とうとしてはいけないのかは、交渉という言葉の意味を考えれば分かります。

相手と合意に到達することを目指して討議するのが交渉であり、目的はあくまで合意であって、優劣をつけることではありません。競合相手とのコンペティションは交渉ではなく、勝ち負けを決めるために実施しますが、競合との交渉は、双方が納得する落としどころを探すためのものです。この違いを理解することが、交渉をうまく進めるための第一歩となります。

交渉を勝負事としてとらえている人ほど、自らの要求を一方的に押し付け、なんとか相手に呑ませようとしがちですが、それでは当然相手は納得せず、交渉が成立する可能性は限りなく低いです。自分の要求を押し通したとしても、相手に「負かされた」「こちらだけ割を食っている」といったネガティブな印象を与えてしまえば、その後の関係性も悪くなることが予想されます。

交渉の基本は「Ｗｉｎ－Ｗｉｎ」です。自分だけでなく、相手にとっても利のある状態を目指さねばなりません。暴走族にいても他のチームとしょっちゅう争いを起こしていては疲弊する一方ですし、自分たちよりも圧倒的に大きな組織にはどうあっても力では勝てません。そうしたなかで、どの組織の下にもつかずに独立したチームとして活動していくには、交渉が不可欠でした。

暴走族同士の交渉は総長同士が顔を合わせる前からすでに始まっています。自らの存在をより大きく見せたほうが、交渉を有利に運ぶのです。私も、抗争に発展しかねない状況に陥った隣町のチームとのトップ会談を控えていた際、相手の組織よりもはるかに大きな別の組織のトップとつながりがあるというような噂を周囲に流していました。実際には一度言葉を交わしたくらいだったのですが、あだ名で呼んだり、その人にまつわるエピソードを自分が見てきたかのように話したりと、さも仲がいいように感じさせるような言動をとり、ハッタリをかましたのです。

結果として、交渉の際にはすでに相手から一目置かれた状態となり、よりよい条件で手打ちができました。この体験からもいえるのは、特に交渉で自分が有利な条件での合意を目指すなら、事前準備が大切であるということです。

まずやるべきは、交渉相手についての情報収集です。どういう地位にいて、どんな権限を持っているのか、組織内ではどのような役割で、なにに関心があるかなど、できる限りの情報を集めます。

そのうえで相手は交渉を通じ、なにを要求しているのかというゴールを予測すると、力を入れて交渉すべきポイントや、逆に相手に花を持たせてもいい部分が分かってきます。そしてまた、どういった部分ならハッタリが利くかについても、見えてくるものです。そうして自分を大きく見せるのも、駆け引きの一つであり、なお交渉はできるだけ一対一に持ち込むほうが、一人に的を絞って対策が打てるので効率的といえます。

交渉の日程を決める際には、タイミングを見計らうのも重要です。特に上司やクライアントといった格上との交渉については、相手の忙しさや機嫌などを考慮し、最も心穏やかなタイミングを狙うのがいいと思います。

実際に交渉にあたるときは、外見を整えて第一印象を上げるようにします。合意に達するためには最終的に互いを信用せねばなりません。人は外見によって相手の信用度を判断するからです。

交渉中は、ハッタリをかまして駆け引きをするスキルがものをいいますが、かといって嘘をついていいわけではありません。有利な条件で合意に達しても、嘘をついたことが明らかになれば相手に不信感を与えるので当然交渉は白紙に戻るでしょうし、なにより自分の評判が大きく損なわれます。相手をだましたりおとしめたりはせず、堂々と交渉していくべきです。

使命感がメンタルを強くする

人生の目的を早く見つけろ

若いうちはできるだけ仕事上の失敗はせずにロスなく進んでいったほうが良いのです。しかし、誰でも、時には失敗します。完璧な人間などいませんから、失敗をゼロにすることはできません。

失敗したら原因を考え、同じ過ちを二度としないよう対策を講じる必要がありますが、失敗によってできた心の傷はそう簡単には癒えません。新たにチャレンジするのが怖くなったり、人と接するのが嫌になったりすることもあるかと思います。

そんな際、現在の仕事に自分を踏みとどまらせ、再び前を向くための原動力となるのが、使命感です。私自身、振り返ると最初はただお金を稼ぎたくて始めた建設業でしたが、自分を慕ってくれる社員たちを見ているうち、いつしか、社員たちの生活を守り、幸せにするのが自らの使命なのだと思うようになりました。

そこからは、どんな苦労があってもへこたれることはなく、心が折れても再び立ち上がれるようになったのです。なぜ使命感を持つとそうしてメンタルが強くなるかについては、「3人のレンガ積み職人」という寓話で分かりやすく説明されています。

ある旅人が、道中で3人のレンガ積み職人と出会いました。最初の職人は、レンガを積むのを作業と思い、生きるために仕方なく働いている様子でした。レンガを積むのは彼にとって苦痛であり、積み方も雑です。口を開けば愚痴ばかり言い、とても幸せには見えません。

次の職人は、レンガ積みを自らの仕事ととらえていました。「自分がレンガを積めば、家族を養える」と言い、それなりに丁寧にレンガを積み、特に文句も言わずに黙々と自らの役割をこなしています。

最後に出会った職人は、レンガを積む目的を知っていました。なぜレンガ積みをしていたかというと、歴史に残る大聖堂を造る事業の一端でした。敬虔な彼は、大聖堂の建設を、自らの使命と考えました。そして、ここでレンガを積むためにこれまで自分は職人として腕を磨いてきたのだと感じました。大聖堂が完成すれば多くの人々が祝福を受けるだろうと、未来へ思いを馳せながらレンガを積む彼の様子は楽しげで、こんな事業に関われて幸せだ、と日々思いながら働いているといいます。

3人の職人のうち、いったい誰が最もすばらしい仕事をするのか、そしてまた壁や困難に当たった際に誰が乗り越えていけるのかについては、いうまでもないと思います。使命感は仕事へのモチベーションの源となるものであり、あるかないかで、働き方や成果、メンタルの強さがまったく違ってくるのです。

この寓話から学ぶべきもう一つの要素は目的意識の大切さです。仕事では、若いうちから、これ一本で生きていくとまで決める必要はなく、キャリアプランは必要ありません。しかし、人生という点で考えれば、使命感につながるような大きな目的が見つかると、生きやすくなります。

ここでいう人生の目的は、「億万長者になる」「歌手になる」「結婚して子どもを作る」といったような現実的なゴールではなく、もっと本質的なものです。

例えば親に恵まれずに子ども時代に苦労した人が、「人生を通じ、一人でも多くの子どもたちを笑顔にできたなら、自分は生まれてきた意味がある」と考えるようなことが、人生の大きな目的にあたります。

そのためには、億万長者になって児童養護施設をたくさんつくる、歌手として子どもたちに感動を届ける、といったような達成方法が考えられますが、「この道でなければだめ」という決まりはありません。どんな道を通っても、最終的に目的にたどり着けるならそれでいいのです。

若い時代から、人生の大きな目的と使命感がそろえば、鬼に金棒です。いきなりは見つからずとも、心の片隅ででも意識していれば、いずれ「このために生きていこう」という目的と巡り合う日がやってくると思います。考え続けることが大切です。

第2章

ヤンキー流処世術「カネ編」

見栄っ張り上等！使えば使うほど、お金は増える

まずはカネの価値を知れ
紙幣はただの
紙切れにすぎない

コロナ禍をきっかけに若者を取り巻く雇用環境が悪化し、お金を稼ぐのが難しくなりました。そんななか、若者のお金に対する意識が変わり、今までなら交際費として使っていたお金を貯金にあてる人が増えたといいます。

将来に対する不安を抱き、なにかあったときに困らないようにと貯金に走るという気持ちはよく分かります。ただ、お金は使ってこそその役割を果たすものであり、貯めるばかりでは人生において価値を生み出しません。

私が最初に社会でお金を稼いだのは中学生の時です。アルバイト情報誌で仕事を探し、自らを高校生と偽って面接に行き、建物の解体現場で働きました。当時は血気盛んでけんかに明け暮れていましたから、お金も入り身体も鍛えられるなら一石二鳥とばかり、しょっちゅう現場に入っていました。

なぜお金を稼ぎたかったかというと、単車を買い、そのガソリン代を稼ぐためでした。

しかし実はお金は欲しいものを買うだけが役割ではありません。社会で、お金は大きく三つの役割を持っています。

一つ目は、モノとモノを交換する際の仲立ちとなることです。もしお金がなかったら、欲しいモノを得るためには物々交換をしなければなりません。これはとても面倒で、例えば自ら獲った魚と、誰かの持つオレンジを交換しようとするなら、まずは「オレンジを持っていて、かつ魚が欲しい人」を見つけて交渉する必要があります。さらに、魚とオレンジを交換する際の量も融通が利きづらく、1個だけしかオレンジがいらなかったとしても、魚1匹にオレンジ3個分の価値があるとすれば、2個余分に受け取らなければなりません。

ここにお金が介在すると、まず物々交換の直接的な相手を探す必要がなくなります。魚と交換したお金のうちから、オレンジ1個分のお金を支払えば済みます。

次は、モノの価値を統一的に示すことです。モノをスムーズに取引するには、社会的な価値の基準が必要です。仮に当事者同士で、「魚1匹とオレンジ3個が同じ価値である」と定めたところで、そこに鶏肉を持ってくる人や、リンゴを持ってくる人が加われば、さらにそれぞれで価値を定めねばならず、モノが増えるほどに複雑化して混乱が起きます。これでは経済活動がなかなか前に進みません。

そこでモノの価値を、日本なら「円」という単位を設けて統一的に表すことで、価値の比較が簡単になり、経済活動がスムーズに行えるようになっています。

最後が、価値の保存です。魚やオレンジは、そのまま置いておけば腐ってしまい、食べ物としての価値を失います。そのため物々交換をするなら、新鮮な間に取引を済ませなければいけません。しかし、いったんお金に換えてしまえば、魚やオレンジの獲得によって生じた価値が失われることはありません。お金には、そうして価値を保存する役割もあるのです。

このような三つの役割から明らかなのは、お金とは必要なものをスムーズに手に入れるための仲立ちをする存在であり、それ自体には価値がないということです。たとえ1億円が手元にあっても、そのまま使わずにしまっておくだけなら紙幣はただの紙切れに過ぎません。

これこそが「お金の正体」です。この本質を知らず、さもお金そのものに価値があるように考えてしまうと、貯金通帳の数字を増やすことが生きがいになってしまいかねず、結果として人生を大きくロスする可能性があります。

私も一時期、会社の経営が軌道に乗り出してから、お金を使えなくなったことがありました。会社になにかあった際に社員たちを路頭に迷わせてはいけないという不安から、お金を貯めに走ったのです。それまでやっていた接待や人付き合いを控え、節約を続けました。

しかしふたを開けてみると、その期間は仕事の量が増えず、成長が鈍化しました。人付き合いが減れば営業の機会が減り、チャンスもまた失われるという当たり前のことに、そこで私はようやく気づきました。

この失敗はまさに「お金を貯めておくのが大切」という思い込みから生じた最たるものだと思います。むしろ利益が出て余裕があるからこそ積極的にお金を使い、将来のためにも人脈を広げる必要があったのです。

そこから考えを改め、以前にも増して接待や懇親会に予算を回し、時間もお金もかけるようにしました。すると、人とのつながりが増え、それと比例するように仕事量が増えていきました。

つまりお金を使うことが、さらなるお金を呼び込んだわけです。人生においても、盲目的にお金を貯めるのではなく、お金をうまく活用して自らの成長に変えなければいけません。そうして自分が成長すれば、さらに多くのお金が稼げるようになり、人生がより豊かになります。

カネを誰よりも
うまく使いこなした
人間が、上に行く

手元のお金をどう活用すべきかは、若者にとって切実な問題の一つだと思います。

お金を使っておいしいものを食べに行ったり、友達と満足に遊んだりして、青春を満喫したいけれど、欲望のままに使ってしまえば家賃やスマートフォン代といった生活費が足りなくなりますし、将来への備えもできず不安が募ります。アルバイトで稼ぐにしても、あまりにやり過ぎれば勉強や仕事がおろそかになり、あとでしっぺ返しを食らうのは目に見えています。すなわち、限られた資源であるお金をなにに振り分けるかが、悩みの種です。

若い頃の私は毎月給料のすべてを車や時計にあてていました。とはいえそれは、自分の欲望だけが理由ではなく、いい車に乗り、いい時計をすれば、あとに続いて会社に入ってくる暴走族の後輩たちが憧れ、人がついてくると分かっていたからです。しかし当然、お金に余裕などありません。だからいつも、手元にある資金をどれだけ効果的に使うかばかり考えていました。

私の20代前半の最も大きな買い物の一つは、ロレックスの時計です。一見すると趣味的な意味合いの濃い無駄遣いに思えるかもしれませんが、これは二つの効果を狙ってのことでした。

まずは社員たちに、「今の仕事を頑張っていれば若くてもリッチになれる」と示したかったからです。実情としてはローンを組んで生活費の一部をその返済にあてるような状況でしたが、もちろんそんな裏事情はおくびにも出さぬようにしていました。

また、取引先や建設現場の人々に一目置かれるためでもありました。若いというだけでなめられ、足元を見られないようにしたかったのです。本来ならただ実力を示せばいい話なのですが、知識も経験もなく、中身がまだまだ伴っていなかったので、それをなんとか隠すべく、外見で「あいつは稼いでいるんだから、仕事ができるのだろう」と思わせようとしました。

これらを一言で表してしまえば「見栄を張った」ということです。結果としてこの試みは成功し、狙いどおりの効果を上げました。投資としては間違っていなかったようです。

お金との向き合い方は、大きく二つに分かれます。お金の奴隷になるか、それとも主人になるかです。分かりやすくいうと、お金を貯めること自体に喜びを感じ、貯金通帳を眺めるのが趣味というような人は、奴隷です。本来なら、お金は幸せな人生を送るための手段の一つに過ぎないはずですが、それを得るのが目的化してしまった時点で、お金に隷属した存在となってしまいます。また、大金を稼いだからといって高慢になり、人を札束で殴って従えようとするような輩も、やはりお金に頼っているという意味で、奴隷といえます。

一方で、得られたお金を効果的に使い、人生に役立てていくというのが、主人になるということです。幸せな一生を送るには、周囲の人々と良好な関係を築くのが不可欠ですから、お金の主人となれば、他人のためにそれを使う機会も多くなるはずです。

ただ、先ほど述べたとおり若いうちは特に、稼げるお金が限られていることがほとんどですから、その使い方を大いに工夫しなければなりません。

例えば私は若くして社長になりましたが、リーダーとして気前のいいところを見せたいからと、飲み会のたびにすべておごっていては、すぐに金欠になります。

飲みに行くにしても、自分が登場して最も盛り上がるタイミングを計ったうえで、「2次会の終盤だけ顔を出し、誰にも言わず先に会計をして帰る」というように、「やっぱりボスは気前がいい、かっこいい」と思ってもらえるような演出を心がけていました。１次会から全部、会計を持つのはなかなか大変で、かといって３次会ではみなが酔っ払っていて、私が支払いをしたことなど誰も覚えていません。したがって２次会の最後というのがベストな選択です。

打算的に思えるかもしれませんが、ポイントは限られたお金で仲間たちからの信頼を最大限に集めるにはどうすればいいかを考えたというところにあります。

こうした日々のこまめな人心掌握が大切だというのは、暴走族時代に嫌というほど学んでいました。繰り返しになりますが、ただけんかが一番強いというだけでは、血の気が多く野心に満ちたメンバーを束ねることはできません。仲間からの尊敬を集め、信頼されなければすぐにクーデターが起き、集団で襲われ、追放されてしまいます。

このあたりは社会に出ても同じで、人がついてくる存在になるには、やはりこまめに人の心をつかむためのアクションを起こしていかねばなりません。いくら仕事ができても、それだけでは人はついてこず、組織をまとめる立場にはなれない、すなわち出世できないということになります。

そして人心掌握の一つのキーとなるのが、お金です。これはもちろん、お金を渡して忠誠心を買うというような話ではありません。相手を喜ばせたり、感動させたりするための一つの手段として、お金をうまく活用するということです。

例えば取引先の接待や、上司や部下との食事会にしても、SNSなどで相手やその家族の記念日などをチェックしたうえ、心のこもったプレゼントを一つ持参するだけで、印象はがらりと変わります。その効果は、2回、3回と飲み会を繰り返して支払いを続けながら信頼を得ていくよりも、一段高いところにあります。

暴走族の総長から大企業の経営者まで、トップに立つ人間はその過程で必ず同じような気遣いを身に付けています。つまり周囲の人々に対し、誰よりもお金をうまく使いこなした人間が、組織を登っていくのです。

お金はその時々で使ってこそ生きるものです。若い頃自己投資したお金が、将来何倍にもなって返ってくるとしたら、その行動が貯金よりもはるかに大きな価値を生んだことになります。いくら貯めるかより、どう活用するかを考えてほしいところです。

若いからこそ見栄を張れ
外見への投資を惜しむな

貯金よりも自分に投資せよ、といわれても、具体的になにをすればいいか分からない人もいると思います。

本を買え、資格を取れ、セミナーを受講せよ、見聞を広めよ……インターネットで検索をかければ、若いうちにやっておいたほうがいい自己投資の内容がいくつも出てくるはずです。それらを否定はしませんが、そもそもやりたいことも決まっていないのに、自らの将来に対して投資をしようといわれても難しいものです。仮に今いる会社に一生勤め続けるとするなら、社内資格を取ったり自社の技術や知識を身に付けたりするために、早くからお金や時間を使うのは理にかなっていますが、そうでないなら他社に行った時点で多くが無駄になってしまいます。

そのように考え、自己投資に二の足を踏んでいる人もいると思います。ただ、実は私たちは日常的に自分への投資を行っています。例えば洋服を買うとして、こだわりのある人にとってファッションは自己表現の手段ですから、値段が高くとも自分らしくいられるデザインを選ぶと思います。原価や性能を考えれば、量販店で売っている洋服と大差ないと理解していても、そのデザイン性に対しお金を支払うわけです。それで得ているのが、その洋服をまとっていることで得られる快感、気分の良さです。

こうして洋服を買うということは、いわばそれをまとって将来得られるであろう自らの気分の良さに対し、投資を行っているといえます。そう考えると、日常でお金を使う行動の多くは投資にあたります。「若者は自己投資をしたほうがいい」という文脈においての投資は、より長期的、将来的な投資を指す場合がほとんどですが、それらも結局は日常の投資の延長にあるものととらえると、考えが整理しやすいはずです。

要は自己投資とは、それを得ることで未来の自分がより幸せに暮らせるだろうと思えるものに、逆算してお金を使うことが大切です。英語が話せたら、人生もっと楽しいだろうなと考えれば英会話に通ってみたり、業界トップのセールスマンになったら最高の気分だろうと想像するなら、セールスに関する本をたくさん読むことから始めたりと、現在の興味関心の先にある物事から逆算し、必要なものに投資をするのが肝要だと思います。

自己投資の際に最も考えるべきは、リスクとリターンです。お金をかけるという行為に見合った成果を得られるかは前もって検討しておかねばなりません。なおこのリターンには、金銭的な話だけではなく、自らの満足や気分の良さといった精神的なものも含まれます。最終的に「お金を使ってよかった」「むしろ安いものだった」と思えるかが重要です。

私の場合、ヤンキー時代から誰よりもいい単車に乗り、社会人になってもブランド品や高級車を買ってきました。元来、物欲はないほうなのですが、それなのに無理をしてでも高級品を買い続けてきたのは、まぎれもなく自己投資でした。

若いからこそ見栄を張り外見でアピールしなければ、なかなか人の興味関心を惹けません。営業に出掛けるにしても、量販店で買ったスーツで行くのと、明らかに生地の質やデザイン性が高い高級スーツで行くのとでは、相手の対応がまったく変わってきます。

「人は見た目が9割」などといわれますが、それは根も葉もない話ではありません。

アメリカの心理学者アルバート・メラビアンは、初対面の人を認識する際に影響を与える要素を分析しました。そして人の第一印象は3〜5秒の間に決定し、その人の印象として残りやすいと結論付けています。

また、印象のベースとなる情報としては「見た目、表情、しぐさ、視線など」の視覚情報が55％、「声の質と大きさ、話す速さ、口調など」の聴覚情報が38％、「言葉そのものの意味、話の内容など」の言語情報が7％というような割合で決まるといいます。つまり、第一印象の半分以上は視覚情報で決まり、出会って最初の3〜5秒で、その人の印象が決まりやすいわけです。

そしてこの第一印象は、のちの評価にも大きな影響を与えます。諸説ありますが少なくとも3カ月から半年は、「第一印象＝その人の評価」であり続けるといわれます。これは心理学において「初頭効果」と呼ばれるものです。

実力や人間力がまだまだ未熟な若い時代に、自分よりも格上であろう人々と対等に渡り合おうと思うなら、第一印象が勝負です。見栄を張ってでも、見た目によって「ただものではない」という印象を与えれば、それだけで相手のなかにポジティブな評価が生まれ、しかもそれが持続します。

結果としてその後の人間関係が築きやすくなるという大きなリターンが得られることになります。だからこそ私は、乏しい資産の大半を費やすというリスクを取ってでも外見に投資し続けてきたのです。

そうして育んできた人間関係が会社を育ててくれ、高級品に費やしたお金よりもはるかに大きな利益が得られるようになりましたから、「お金を使ってよかった」と心から思っています。

これはあくまで私の例であり、いきなり無理をして高級品をそろえる必要はありませんが、少なくとも外見への投資は、誰もが始めやすく、かつ効果の上がりやすい自己投資の一つだと私は考えています。

一か八かの勝負はいらない
リスクとリターンを
冷静に把握せよ

自己投資とまさに真逆に位置するお金の使い方として、ギャンブルがあります。パチンコやスロット、競馬といったギャンブルを楽しんでいる若者もいると思いますが、今すぐ止めたほうがいいと思います。限られた資産であるお金がもったいないです。

世間においても、ギャンブルはよくないという風潮がありますが、ヤンキーであった私が、ここにきてきれいごとを振りかざすつもりはありません。それでもなぜギャンブルを否定するかというと、単純にリスクに対するリターンがまったく釣り合わないと考えるからです。

確率を考えれば、誰でも分かるはずです。例えば年末ジャンボ宝くじは、最高当選額が1等と前後賞合わせて10億円にものぼります。1枚300円で買え、万が一当たれば億万長者ということで、毎回買っているという人もいます。

ただ、その当選確率がどれくらいのものか、考えたことはある人はそう多くないと思います。年末ジャンボ宝くじでいうと、1等である7億円の当選確率はおよそ2000万分の1です。自分に雷が落ちて死亡する確率がだいたい70万分の1といわれますが、それより20倍以上も低い確率となっています。

宝くじには当たりそうな気がするという人も、一生のうちに自分に何度も雷が直撃するかどうかと問われれば、「そんなことは絶対に起きない」と言う人がほとんどだと思います。同じようにほかのギャンブルについても、程度の差はあれ損をするようにできているのです。

競馬では、売り上げのうちの70~80%を還元すると決まっており、確率でいえば買った瞬間に20~30%のお金を失うことになります。パチンコやスロットの還元率は85~90%、宝くじにいたっては約46%であり、回数をこなすほど確率は収束していきますから、ギャンブルにはまるほど確実にマイナスが積み重なっていきます。

また、ギャンブルで失うのはお金だけではありません。可能性に満ちた、貴重な人生の時間もまたドブに捨てています。パチンコやスロットなどは、特に長時間にわたることが多いため、人生を大きくロスしかねません。

なおリターンについては、自らの満足や気分の良さといった精神的なものも含まれます。ギャンブルに熱中する人は多くの場合、勝ったときの気分の良さを味わいたくてお金を使っていますから、それで十分リターンを得られているのではないかと思う人もいると思います。

極端な話、お金や時間にたっぷりと余裕がありスリルを楽しみたいような場合は、ギャンブルで投資に見合ったリターンを得ているといえます。しかし若いうちからそれを満たすのは至難の業ですし、仮にお金がたっぷりあるなら、ギャンブルで5万円、10万円勝ったところでほとんど喜びはなくなります。したがってギャンブルのリスクと精神的リターンが釣り合う可能性は低いといえます。

また、人生という尺度でいっても、一か八かの勝負はなるべく避けるべきであるというのが私の持論です。

確かに人生のなかで、時にリスクを取って勝負をしなければならぬ瞬間は訪れるものです。しかしその際も、リスクを抑えて勝率を上げる努力をし、せめて8割以上は勝てる状況に持っていきたいところです。そのほかに、日頃の人脈を活かして口を利いてもらったり、専門家の知恵を借りたりすることでも、勝率は上げられます。

経営においては、リスクを限界まで抑えるというのは基本中の基本であり、私もそれに従っています。必然的にどんなチャレンジも、ある程度安定性を確保したうえで行うことになります。私が何か新たにチャレンジを行うのは、あらかじめ最悪の事態を想定し、それでも会社が傾かないという確信が得られたときです。最悪の事態とは、すなわちリスクの最大値であり、それとリターンが見合わない限りは手を出しません。

堅実でつまらないと感じる人もいると思います。しかし、こうした判断ができなければ経営者失格なのです。いつか一か八かの勝負に負けることになり、会社が倒産に追い込まれます。

若いうちは、とにかくお金にまつわる誘惑が多いものです。知識や経験のなさに付け込み、情報商材など詐欺まがいの商品を売りつけようとしてくる輩もいますし、インターネットを開けば「未経験でも日当10万円」というような明らかに怪しい情報がごまんと出てきます。

はっきり言って、技術やキャリアがなにもなくとも、短期間で大金を稼げるような都合のいい仕事など存在しません。もし本当に誰もが瞬時に大金を得られるような仕事があるとすれば、その裏には人生をだめにしかねないような大きなリスクがあると考えるべきです。

うまい話など、存在しない――それが分かっているだけで、お金についてのリスクをある程度減らすことができます。

使うときは
「おめでとう」
ドブに捨てることなく、
活きたカネにしろ

具体的なお金の使い方として、自分への投資はもちろん、他者を喜ばせたり幸せにしたりするために使うことも考えてほしいところです。例えば1万円をパチンコで消費するより、取引先の人の出産祝いとして包んだほうが、明らかに効果的な使い方といえます。仮にパチンコで10万円勝ったとしても、手持ちのお金が少し増えただけの話です。一方で取引先との関係が深まれば、継続的に依頼が来たり、新たなプロジェクトで声がかかったりするなどして、結果として何百万円、何千万円の利益につながり、出世のきっかけとなります。

他者に対してお金を使う際のポイントとしては、「おめでとう」という言葉を添えられるような形が理想的といえます。お祝いをされて、悪い気がする人などまずいません。誕生日、結婚記念日、子どもの成人式など、本人に加えその家族まで含めれば1年のうちにかなりの数のイベントがありますから、チャンスは多いはずです。

若くしてこうしたことができる人の数はごくわずかだと感じますが、逆にいうとライバルが少なく、実践すれば大きな効果が期待できると考えています。

なお、他者のためのお金の使い方として、一つだけ絶対にやってはならないものがあります。それは借金の保証人になることです。たとえどれほど親しい間柄の友人であっても、愛する恋人であっても、親兄弟であっても、決して保証人の判を押さないでほしいと思います。これは人生において必ず守るべきルールといっていいほど、重要なことです。


私は過去に、世話になった人が抱えた借金の連帯保証人となったことがあります。その人は3歳年上の先輩で、電気工事の会社を営んでおり、私が建設業界に飛び込んだときからずっと、家族同然にかわいがってくれました。仕事のコツから酒の飲み方まであらゆることを教えてくれて、いつも温厚でやさしく、悩みの相談にも乗ってくれ、まさに人生の師ともいうべき大切な存在でした。

そんな彼から、ある日「借金があってもう首が回らないのだけれど、1500万円の保証人になってくれないか」と頼まれたとき、私は迷わず書類に判を押しました。むしろ少しでも彼の力になれるのがうれしかったのです。

しかしその後、1週間と経たずに彼は亡くなりました。詳しい事情は分かりませんが、酔って当時付き合っていた彼女のマンションを訪れ、ベランダから入ろうと外壁を登っている途中で落下したらしいと人づてに聞きました。まさに寝耳に水で、私は大きなショックを受けたことを鮮明に覚えています。その一報を受けた直後から、1時間おきに電話が鳴るようになりました。

「借金を返せ」「金はどうなったのか」「いつ払うつもりだ」……ひっきりなしに催促され、頭が変になりそうでした。

「悪いけど、お金を借りたのは私じゃない。本人の生命保険からでもとってくれ」

私が捨て鉢にそう言うと、相手は鼻で笑ったのです。

「いいか、あんたはただの保証人じゃない。連帯保証人になっている。うちとしては、本人だろうがあんただろうが、どっちからとったっていい。法律でそう定められてる」

当時の私は、保証人と連帯保証人の違いすら分からず、ただ言われるがままに判を押したのですが、これが大きな間違いでした。保証人であれば、借金取りはまず借り主に対して返済を求め、財産のすべてを差し押さえても足りない場合に、初めて保証人としての支払い義務が生じます。しかし連帯保証人は、いわば一緒にお金を借りたのと同じで、いつでも貸し手からの請求には応えねばならず、自らの財産を差し押さえられても反論はできません。

そして当然ながら、当時20代半ばだった私に、1500万円をぽんと払う余裕はありませんでした。ほとほと困り果て、相手の両親や親せきにも相談に行きましたが、「お金なんて残っていない」とまったくとりあってくれません。

支払時期を交渉し、保険を解約したり身の回りの物を売ったりして、なんとかお金を用立てましたが、本当に高い授業料でした。そのほかにも、他人にお金を貸して痛い目に遭うという経験を、私は何度もしてきました。

毎回、この人なら絶対に大丈夫、何があっても裏切らないと思ってお金を貸すわけですが、返ってこないことのほうが圧倒的に多いです。あるとき、弟分としてかわいがっていた社員が、お金が必要だと言うので個人的に50万円を貸したところ、翌日から会社に出社しなくなりました。これは本当にショックでした。

このような経験を積み重ねて私が学んだのは、「相手が誰であっても、お金を貸さないほうがいい」ということです。特に、返ってこなかったら自分が深く傷つくような相手に対しては、貸してはなりません。

もしどうしても用立てる必要があるなら、そのお金が返ってくることはないと考え、あげるつもりで渡すべきです。それが最終的に自分の心を守ることにつながります。

老後の資金なんて貯めなくていい 効率的に今、使うことだけを考えろ

ＳＮＳで流れてくるお金持ちの生活を見て、うらやましい、自分もそうなりたいと感じた経験は、誰しも一度はあると思います。幸せに暮らしていくには、お金はできる限り多くあったほうがいいと考えるのは当然です。

では、単純に年収が高ければそれで幸せになれるかといったら、そうともいえません。アメリカのプリンストン大学で２００８～２００９年頃に行われた、年収と幸福度の関係についての研究によると、年収が約８００万円までは、収入が上がるのと同調して幸福度も高まっていきましたが、そこを超えたあたりからは、年収が増えても幸福度はあまり変わらなかったといいます。

また、内閣府が２０１９年に実施した「満足度・生活の質に関する調査（第１次報告書）」でも、年収と幸福度の関係が示されています。この調査において、「現在の生活にどの程度満足しているか」について０～10点の11段階の点数をつけて答えてもらったところ、年収１００万円未満の人の幸福度は平均５・01、年収７００万円以上１０００万円

年収と幸福度の関係

年収	平均幸福度
100万円未満	5.01
700万円以上1000万円未満	6.24
1000万円以上2000万円未満	6.52
3000万円以上	6.6
5000万円以上	6.5
1億円以上	6.03

（出典）内閣府「満足度・生活の質に関する調査（第１次報告書）」2019年

未満の幸福度は６・24で、１・23の差が開きました。その一方で、年収１０００万円以上２０００万円未満の人の幸福度は６・52で、年収７００万円以上１０００万円未満と比べ０・28しか差がありませんでした。さらに年収３０００万以上になると６・６、年収５０００万円以上では６・５、年収１億円以上なら６・03と、幸福度は緩やかに下降していきました。年収１億円の人々は、７００万円以上１０００万円未満の人よりも、幸福を感じていないというのです。

これら二つの調査・研究から、やはり年収８００万円を境に幸福度が上がらなくなっていくといえそうです。なぜこうした結果が出ているのかについては推測の域を出ませんが、例えば年収

2000万円、3000万円を稼ぐ人は、常に忙しく働いている場合が多いと思います。特に経営者という仕事は、うまくいけば大きな収入を得られる代わりに、24時間365日、会社のことばかり考え、公私の区別なく会社に尽くす必要が出てきます。せっかく大金を得ても、それを人生の楽しみにあてる暇がなければ、幸せとはいえません。

自分の過去を振り返ってみても、会社の成長とともに収入が上がっていくのが面白くて仕方のない時期があり、その頃はまさに「仕事が趣味」であり、仕事以外になにもしていませんでした。休みを取るのは年に2~3日で、すべてを会社に捧げていました。

しかしそんな日々は、やはり長くは続きませんでした。会社の経営は安定し、社員たちへの責任も果たせるようになりましたが、するといったいなんのために自分が働いているのか、次第に分からなくなっていきました。

そこで私は、無理やりにでも週に2日は休むことに決め、実行しました。するとそれだけで、再び仕事に充実感を覚えるようになったのです。きっと休まず働き続けたほうが会社の成長速度は速まり、自らの収入もさらに上がったと思います。しかし結局のところ、お金は人生を幸せに生きるための道具に過ぎませんから、いくら稼いだとしても充実感や幸福感が失われてしまえば意味がないということがよく分かりました。

そうはいっても、老後のことを考えればやはりお金はたくさん稼いでおいたほうがいいだろうと思う人もいると思います。確かに現代では平均寿命が延び、老後にかかるお金の額も増えています。２０１９年には、老後が30年続くなら２０００万円の資金を用意しておく必要があるという試算が政府系機関から提出され、話題を集めました。

この試算では、夫が65歳以上、妻は60歳以上という高齢夫婦の主な年金収入は20万９１９８円、それに対し支出が26万３７１８円で、月に５万５０００円の赤字が出るとされました。そして30年間にわたり月５万５０００円の支払いを行うとすれば、トータルの支出は１９８０万円となるので、２０００万円が必要というわけです。

老後の資金を用意するのは、もちろん悪いことではありません。しかし果たして、若い頃から２０００万円を目指して積み立てを始めるべきかというと、私はそうは思いません。

老後のためにお金を貯めようと考えた時点で、自らの可能性が狭まります。確実に積み立てを続けていくには収入の安定が不可欠であり、転職や独立という選択肢が選びづらくなります。老後の足音が聞こえてくる40代や50代ならまだしも、人生の可能性に満ちた20

代のうちは、むしろ老後など考えてはいけないのです。

それよりも今にフォーカスし、自分や他者のために効果的にお金を使っていくほうが、間違いなく有益です。お金をうまく活用して自らの成長につなげれば自然に収入は増えていき、歳を重ねるほど次第にお金に余裕が出てきます。そうなってから老後について思いを巡らせても、まったく遅くはありません。

「節約」にとらわれるな
未来に希望を持って
カネを動かせ

現在、多くの若者が将来を不安視しています。しかしだからといって、「この先にはどうせ失望が待っているのだから、なるべく少なくとどめよう」などと考えてはいけません。その発想だと、リスクを取ることができなくなるからです。

将来が不安だから、自分に自信がないからといって、リスクを取らず現状維持を続けるのは、最悪の選択肢といえます。なぜなら、なにもしないことにこそ大きなリスクが潜んでいるからです。

世界最大規模のデータベースサービスを提供するアメリカの企業、オラクルの創業者であるラリー・エリソンは、「この世界では、なにもしないことが一番大きなリスクになる」と述べています。

日々、新たな技術が生まれ、世の中がダイナミックに変化し続ける現代において、なにもせず同じ場所にとどまろうとするのは、自殺行為にも等しいです。自らの役割が社会に必要とされなくなった瞬間から生活の糧を失いかねず、かといって他の仕事で使える技術も持っていないという八方ふさがりの状況に追い込まれます。

リスクを抑えるのが肝心といっても、リスクを取ったうえでそれを低くしようとするのと、そもそもリスクを取らないというのとでは、大きく違うのです。お金でいうと、前者がお金をより効果的に使うための発想であるのに対し、後者はできるだけお金を使わないことで不安を軽くしようという発想にあたります。そうしてリスクが取れず、行動が消極的になる人がたくさんいる一方で、将来に希望をもち、よりよいものにするために積極的に行動をする人も少なくありません。

未来に対し消極的か積極的かを判断する、有名な話があります。目の前にコップがあり、そこに半分水が入っています。自分はのどが渇いているとして、そのコップを見た際に、どう考えるかというものです。もしそこで「もう水が半分しか入っていない」と思ったなら消極的、「まだ半分も残っている」と思ったなら積極的です。

お金についても、まったく同じことがいえます。なんらかの大きな支払いを済ませたあと、銀行口座を見て、もうこれしかないと思うか、まだこれだけあると思うかで、その後の行動は変わってきます。

未来に対し消極的な人々が決まって行うのが、節約です。無駄な出費を抑えるという意味で節約は確かに意味のある行為ですが、出費の削減ばかりに意識がいくと、節約自体が目的化してしまう懸念があります。そうなるとお金を使うことに罪悪感を抱くようになり、「お金がかからない」というのが物事の判断基準となります。そうして行き着く先は、稼ぎがあるのに貧しい生活を送り、ただ貯金通帳を眺めるのだけが趣味という、とても豊かとはいえない人生です。

お金はできる限り使ったほうがいいというのは、これまでで述べてきたとおりですが、それを実践するには、自らの未来を積極的に肯定するポジティブさが必要です。

私が会社を立ち上げたばかりの頃の生活はまさにどん底で、社員たちに給料を支払うと手元に残るのが5万円や6万円ということがしょっちゅうありましたが、それでも私は、未来への希望だけは捨てませんでした。特別な根拠があるわけでもないのに、いつか必ずうまくいく、成功すると信じていたのです。きっとヤンキー時代から人を率い、チームを大きくしてきたことがある種の自信になっていたのだと思います。それがあったからこそ、社会に出た瞬間から、自分や他者に惜しみなくお金を使うことができました。

将来に失望した人が希望を抱くきっかけとなるのが、前章で述べた人生の大きな目的を見つけることです。

そしてこの人生の大きな目的は、お金に関する次のような思考実験によって浮かび上がってくる場合があります。今、自分の銀行口座に6億円がふりこまれ、自由に使っていいとしたら誰しもが迷うと思います。

一生に必要なお金は約3億円といわれますから、ひとまずそれだけ確保すれば生活には困りません。残りの3億円は、家賃やローン、生活費などに消えることのない、完全に自由に使えるお金となります。

実はこの思考実験は、生活のための労働から解き放たれたとき、自分が何をしたいのかという問いかけにほかなりません。3億円の使い道に、その人が生涯を通じてやりたいことが投影されますから、人生の大きな目的を見つけるヒントとなる可能性があります。ぜひ一度、真剣に考えてみてほしいと思います。

第3章

ヤンキー流処世術「人間関係編」

欲張り上等！我を通し続ければ、本物の人脈が築ける

礼節さえあれば
道は拓ける
相手への敬意が
信用を育む

現代社会で、人の悩みの９割は人間関係から生じるといわれます。職場、家庭、友人などさまざまな関係性のなかに自分という存在があり、互いに影響を及ぼし合いながら同じ時代を生きています。そして近年はＳＮＳなどのツールが普及したことによりさらにコミュニティが多様化し、その分他者との関係が複雑化した結果、悩む人も増えていると感じます。

逆からとらえると、多くの人との関係を良好に保つことができれば、人生における悩みのほとんどが消えるとも考えられます。また、仕事においても日頃の人脈がものをいうシーンは度々あります。若いうちから人間関係の整え方を知っているとストレスが減り、成功できる可能性が飛躍的に高まります。よりよい人間関係の構築は、私が人生で最も力を入れてきたことの一つです。

実社会で自らの人生を豊かにしてくれるような人間関係をつくるなら、まずはその土台となる行動を知っておく必要があります。

それは、「礼節」です。礼節を辞書で引けば、礼儀と節度、というように記されています。礼儀とは人間関係を築く際や、社会の秩序を維持するうえで守るべきことであり、節度は行き過ぎのない、ほどよい程度を表すものです。

礼儀正しく、他者に対し節度を持って接する相手を嫌いになる人はまずいません。礼節は、人とのコミュニケーションの基本といえます。

私は中学校から空手道場に通い、礼節の徹底的な指導を受け、道場の出入りの際には必ず一礼する、目上の人には敬意を払うといった作法をたたき込まれました。ちなみに武道の世界では、「礼に始まり礼に終わる」といわれ、勝敗よりも礼節を持って試合に臨むほうが重要であると教えられます。

また、暴走族もその後飛び込んだ建設業界も、いわゆる体育会系の縦社会であり、礼節によってその秩序を保っている面があります。そうした青春時代を過ごしたことで私は礼節の重要性を肌で感じ、自らも常に意識的に体現してきました。

では、礼節とは具体的にどのようなものかというと、あいさつはその典型です。また、服装や髪型を清潔に保つ、言葉遣いに気を使う、テーブルマナーを守る、連絡に対する返信といったような行為が、礼節にあたります。

ただし、こうした行動をすべて覚えて実践すれば礼節が守れるかというと、必ずしもそうとはいえません。なぜなら、接する相手によって求められる礼節のあり方が変わるからです。

礼節の本質は、「相手の居心地をよくする」というところにあります。あいさつも、言葉遣いや身だしなみも、すべては他者のためであり、相手への思いやりを示すサインといえます。この点をはき違えると、礼節をただの古い形式としてとらえて馬鹿にしたり、会社での服装や髪型のルールを無視し、自分の好みを貫いたりしがちです。自分目線のままでは、いつまで経っても礼節は身に付きません。

他者を居心地よくするには、まずその相手が自分に対しどんな行動を望んでいるかを想像する必要があります。例えば、ご飯に連れて行ってもらったお礼をするとき、メールやＬＩＮＥのほうが気楽という人と、手紙で受け取ったほうがうれしいという人がいます。あいさつも、大きな声と元気の良さを重視する人もいれば、立ち止まって一礼するのが礼儀と考えている人もいます。すなわち、相手が望む礼節のあり方を見つけるには、どのような行動をすれば心地よく感じるのか、その人の気持ちになって考えるというのが、重要なポイントです。

礼節は、相手に対して「自分はあなたに敬意を持っている、尊重している」というのを言動で示す行為です。他者が自分の存在を認めてくれたとき、人は幸せを感じます。そうして幸せを感じさせてくれる相手を、嫌いになる人はまずいません。

しっかりとしたあいさつ、相手を尊重した言葉遣いや服装、何かしてもらったら感謝の気持ちを伝える――そうした行為の積み重ねのなかで好感度が高まり、信用が育まれていきます。礼節とは、人間関係の潤滑油なのです。

現代では、インターネットを介したコミュニケーションの割合がどんどん増えてきていますが、文章のみのメールやＳＮＳ、全身の映らないテレビ会議などでは、十分に礼節を表現するのは難しいものです。

飲み会をはじめとしたリアルな場でのコミュニケーションの機会はずいぶん減りましたが、それはすなわち、礼節をしっかりと相手に示す機会が減少していることにほかなりません。だからこそ、そうした際には徹底して礼節を守った対応をとるのが大切で、より好印象を与えることにつながるはずです。

　また、日本での礼節のあり方は、人との縁やつながりを緩やかに保っていくことができるすばらしいものとなっています。たとえ、やや疎遠になってしまった相手でも年賀状や時候のあいさつを欠かさなければ縁がつながります。そうした緩やかな関係性のなかから、ときに思いもしない出会いやチャンスが生まれるものです。

仁義を尽くして
信頼を得ろ
骨太な関係を勝ち取れ

私の人生を振り返ると、礼節を大切にしてきたおかげで、数多くの人生のチャンスに恵まれてきました。特に目上の人に対しては、徹底して礼を尽くしてきたつもりです。実際、先輩たちにかわいがってもらえたことで、現在の人脈を築くことができたのだと思います。

例えば、私の会社がまったくの無名で、どこの現場へ営業に行っても相手にされなかった頃、とある現場監督と出会いました。その人はたいへん厳しいことで知られ、業界でも恐れられていたのですが、怖気づいていても始まりません。自分から積極的かつ丁寧にアプローチしていき、周囲からはよくそんなにぐいぐいと話し掛けにいけるなと驚かれたものです。

結果的に信頼を勝ち得ることができ、それをきっかけに大手ゼネコンからの直接の仕事依頼がどんどん来るようになって会社は成長していきました。そんなある日、私は現場監督に、なぜ自分のことを気にかけてくれるのかと聞きました。経験豊富な業者はほかにいくらでもいるなかで、私の会社を選んでくれているわけを知りたかったのです。すると彼は、こう答えました。

「お前は最初から、若いのに礼節をわきまえていた。よく気が利くし、相手の立場になってモノを考えられる。こいつなら信用できると思ったから、仕事を回しているんだ」

彼の言葉に、礼節が大切である理由が凝縮されています。礼節とは、人からの信用を得るための最上の手法なのです。ただし、一度実践したからといってすぐに信用されるわけではありません。

礼節は日頃の細かな気遣いの積み重ねから成り立つものです。例えば飲み会で目上の人にお酌をする際には、きちんと両手を添えてお酒のラベルを上にして丁寧に注いだり、何かしてもらった際のお礼の言葉をすぐに返したり、誕生日や記念日に贈り物をしたりと、相手が居心地よく感じる行動を重ねていって初めて信用されるようになります。

そうして礼節により人間関係を構築し、信用を得たその先にあるのが、「信頼」です。信用が過去の実績や行動に対する評価から生まれるのに対し、信頼は、その人自身に対する評価や、人柄や考え方への共感から培われるものです。信用よりも信頼のほうが、より強固な人との結びつきであるといえます。信頼を獲得するため、礼節に加えて必要となるものがあります。

それが「仁義」です。仁義というと任侠映画の世界を思い浮かべる人がいるかもしれませんが、この言葉は決してやくざや暴走族の専門用語というわけではありません。もとは儒教思想の根本理念である仁（他者への親愛）と義（道徳的規範意識）から生まれたもので、道徳上守るべき筋道、他人に対する務めや慈しみの心といった意味を持っています。

仁義こそ、互いの信頼によって関係を深化させるうえで欠かせない要素であると私は考えています。仁義とは具体的にどんなことを指すのかについては、反対に「仁義なき行動とはどういったものか」と考えていくと、分かりやすいと思います。

仁義なき行動を端的に示すなら、「不誠実」という単語が最適だと考えています。悪意のある嘘をついたり、裏切ったり、だましたりといった不誠実な行為は、やくざの世界でも「仁義にもとる」として軽蔑されるものです。特に組織を率いる立場なら、そうした言動をとるほど信用を失い、周囲から人が離れていきます。こうした仁義なき行動の対極にある心の置き方、すなわち人に対してただひたすら誠実であろうとするのが、仁義を尽くすということです。

仁義を尽くさなくても成立する人間関係はもちろん存在します。お金絡みをはじめとした互いの利害のみでつながっている関係が、その典型です。ただしその結びつきはとてももろいもので、状況一つでひっくり返ります。自らの利さえあれば組む相手は誰でもいいわけですから、「昨日の友は今日の敵」という事態が頻発し、人生を豊かにするような人間関係とはとても呼べないものです。

人と長く付き合っていくための基盤となるのは、互いの信頼でつながった骨太な人間関係です。相手を尊重し、思いやり、誠実に尽くすからこそ、相手もまた同じように自分を大切にしてくれます。たとえ互いが苦境に陥ったとしても、手を差し伸べ、協力して乗り切っていくことができます。

世界に目を向ければ、個人主義の傾向が強い欧米諸国の人々と比べて、和を重んじる日本人は礼儀正しい民族だといわれています。今後はグローバル化がさらに進行し、外国人との人間関係の構築が求められる機会も増えていくと思いますが、その際に日本独自の礼節や仁義という文化を大切にするのは、信頼を獲得するためにとても重要な武器となります。

未来を生きる若者だからこそ、改めてその価値を見直し、それぞれの人生に役立てていってほしいところです。

自分の思いは後回し
まずは人の話を
しっかり聴け

人間関係を築くにあたり、自らのコミュニケーション能力に自信が持てず、なかなか相手の懐に入れない人は少なくないと思います。口下手だったり、会話の間が怖かったりすると、どうしても奥手になってしまうものです。

ただ、話が上手だからといって、人付き合いもまたうまいとは限りません。いくら流暢に話せたとしても、自分のことばかり一方的にしゃべるような人は多くの場合、距離をおかれるものです。コミュニケーションにおいて重要なのは、話すことよりも聞くことのほうです。

若い頃は、自分の気持ちを知ってほしい、伝えたいという思いが先行するあまり、どうしても話すばかりで聞くことがおろそかになってしまいがちですが、溢れそうになる言葉をぐっと飲み込んで、相手の話に耳を傾けるという姿勢が大切です。自分が話しているだけでは新たな知識や知見には出会えませんが、相手に会話の主導権を渡せばさまざまなことを教えてくれるかと思います。そしてまた、相手が語った内容から次の話題につながるキーワードが出てくることも多く、それを拾っていけば会話は問題なく順調に続いていくはずです。

なにより、他人の話を通じて自分を見つめ直せるというのが、大きなメリットといえます。

私も若い頃は、人の話を聞くのが苦手でした。一匹狼な気質もあり、我を通すばかりでアドバイスや忠告を素直に受け入れられませんでした。そのおかげで、大きな失敗をたくさん経験しています。

50万円を貸した翌日から出社しなくなった弟分の一件でも、私としては旧知の仲ということでその弟分には信頼をおいていたのですが、周囲の人々からはことあるごとに、彼とはまともに付き合わないほうがいい、あんまり肩入れするのはやめろときつく言われてきました。

私はそれを素直に聞くことができませんでした。自分の弟分なのだから、誰よりもよく理解していると勝手に思い込み、忠告をくれた人に対して、お前にあいつの何が分かるのか、放っておいてくれと反発していました。

姿を消した直後は彼が事故にでも遭ったのではないかと、ずいぶん心配したものです。ところが、その後駅前のパチンコ屋に入っていく彼の姿を見たという人がいて、それでようやく事態が飲み込めました。周囲の人々が忠告してくれたとおり、彼はお金にだらしなく、恩を仇で返すような人間だったということが明らかになり、私は強いショックを受けたことを覚えています。自分の人を見る目に自信が持てなくなり、疑心暗鬼に陥ってしまい、その暗闇から抜け出すのにはかなりの時間を要しました。

私のようにならないためにも、信頼のおける人からのアドバイスや忠告には、素直に耳を傾けてほしいと思います。

また、アドバイスや忠告をただ待っていればいいのではなく、自ら教えを乞う姿勢を持つというのも大切です。20代のうちは、自分がモノを知らない、未熟であるというウィークポイントともいえる部分をオープンにしても、年配の人や目上の人には寛容に受け取ってもらえることが多いと思います。そうしてアドバイスや忠告を求めやすいというのが、若さの特権なのです。

とはいえいくら若いからといって、「役に立つ話だけをしてほしい」と高慢な態度で近づいていけば、相手は当然、アドバイスをする気が失せてしまいます。自らが知らないことや足りないものを授けてくれる人に対しては敬意を持って接し、深く感謝しなければなりません。

低姿勢になって人の話を聞き、受け入れるのを、恥ずかしいと感じる人もいるかもしれません。しかしそうしたプライドは、ただ自分の成長を妨げるものでしかなく、不要なものです。

また、信頼できる人だけではなく、自分がさして関心のない人についても、話を聞いておくことがプラスに作用する場合があります。

例えば、職場に価値観の合わない上司がいたとします。そんな相手にはできるだけ関わりたくないと思うのが普通ですが、その気持ちをぐっと抑えて、ひとまず話に耳を傾けてみます。

価値観が違うというのは、肯定的に受け止めれば自分では思いつけないようなアイデアや発想を持っている可能性が高いと見ることもできます。実際に話してやはり相性が悪かったとしても、10の話題を話せば一つくらいは、なんらかの気づきがあります。つまらない部分や共感できない部分は切り捨てて、役立ちそうなエッセンスだけを吸収すればいいと思います。

最初から「この人とは合わない」と決めつけず、できるだけ多くの人の話を聞くというのが、若いうちにやっておいてほしいことの一つです。

人脈は金脈と思え
友達は150人まで

仕事で成功を収めるには、周囲の人々と信頼関係を築き、いい人脈をつくっていくことが欠かせません。

なぜ人脈づくりが重要なのかについては、大きく二つの理由があります。まず、自分ひとりの力は極めて限られており、人の手を借りなければ大きな仕事が成し遂げられないためです。

世のあらゆる物事を知るには人生は短過ぎ、誰しもできないことのほうが圧倒的に多いわけで、それを補うには誰か別の人に協力してもらう必要があります。仕事においていくら才能があっても、こなせる作業量はせいぜい他人の2～3倍でしょう。それ以上の成果を目指すなら、誰かの助けが必要です。

また、人脈が広がるほど自分とは異なる才能を持つ優れた相手と出会う確率が高まります。自分にはない優れた才を持つ人から学び、今の自分に足りないものを見つけてどんどん埋めていくことで、人間的に成長していけます。

私も以前から、「人を集めることが趣味」と周囲の人々に公言するほど積極的に人脈づくりを行ってきました。ただ、初めから人脈の大切さに気づいていたというわけではありません。

会社を立ち上げてから10年ほどは、とにかく社員たちを養うのに必死で、意図的に人脈を広げようとはしていませんでした。それを変えるきっかけとなったのが、尊敬する経営者から掛けられた一言だったのです。

「ようやく経営者らしくなってきたけれど、今のままではもう会社は大きくならない。お前に欠けているのは人脈だ」

それまでは、私は経営者でもどちらかといえば一匹狼で、自分の腕一本でのし上がってきた感覚でいたため、この指摘にははっとさせられました。言われてみれば確かに、どれだけ必死にやっているようでも仕事量は頭打ちになり、組織の拡大が止まっていた時期だったと思います。

そこから人脈づくりに着手しようと思い立つのですが、忙しい日々のなかでいったいどれくらいの人々とつながりを保てばいいのか、想像もつきません。

そこで自分なりにいろいろと調べたところ、面白いデータが見つかりました。

それはイギリスの人類学者、ロビン・ダンバーによるもので、彼はさまざまな猿や類人猿の脳を調査し、大脳新皮質という部位の割合が大きいほど群れを成す数が増加することを発見しました。そして人間について、その大脳新皮質の大きさから予測される最適な群れの数、すなわち安定して関係を保てる人数は150人であると割り出したのです（著書『友達の数は何人？――ダンバー数とつながりの進化心理学』）。

この数字はダンバー数と呼ばれ、社会学的にも説得力を持っています。例えば、今も狩猟採集民として暮らしている約20の部族社会では、氏族や村といった集団の平均人数は153人であるといいます。また、アメリカで厳しい宗教戒律に基づいた独自のコミュニティを形成するアーミッシュの構成員は平均110人で、人数が150人を超えるとコミュニティを二つに分けるそうです。組織論においても、組織の規模が150～200人を超えると病欠やサボタージュがぐっと増えると指摘されています。

したがって人間関係を広げるにあたっても、ダンバー数に基づいて150人程度とつながりを保っていくのがいいのではないかというのが私の出した結論でした。ただし、一口に１５０人といっても、その関係性には当然、濃淡が存在してくるはずです。全員と深いつながりをもち、常に信頼しあう関係になるのはさすがに難しいと思います。そこで私は、人脈づくりを始めるにあたり、まず30人と深い関係を築こうという目標を立てたのでした。

どのような人々にアプローチしたかというと、その基準は明確で、仕事上で有益な付き合いができるかどうかということに加え、自分が「この人のようになりたい」と憧れるような人に絞っていったのです。

その一方で、普段頻繁には連絡を取らないけれど、なにかあった際には互いに相談しあえるような、比較的緩いつながりの人脈も広げていき、それをきっかけに人集めの楽しさに目覚めました。交流会や飲み会の幹事を買って出て、人と人が出会うことで起きる化学反応を楽しむようになり、現在に至っています。

現代ではＳＮＳを使えば、人とのつながりをつくること自体は容易です。しかしネットを介したやりとりだけでは、なかなか相手の人間性や本音の部分まで推し量れないと思います。

真に自分の力になってくれるような人脈をつくりたいなら、やはりリアルで顔を合わせるに越したことはありません。面倒がらず、積極的にどんどん人と会うことがとても重要なのです。

他責思考の人間とは
付き合うな
自責を貫き
良縁を引き寄せよ

私が人脈を広げようと決めた際、いくら有益な人材であっても、他責思考の人間とは関わらないようにするというルールを設けました。

他責思考とは、あらゆる物事を他者の責任としてとらえ、何か問題が発生した際にも「自分のせいではなく、周りが悪い」と考える癖のことです。

例えば、自らが所属するチームの成績が落ちたときには、上司が悪い、同僚のせいだ、会社の方針がおかしい、景気が悪いから仕方がない、社会の仕組みに問題があるといったように、とにかく自分以外に責任があると主張します。

そのような人は当然のことながら当事者意識が極めて低く、チームでこなすべき業務があっても、誰かがやってくれるだろうと放置しますし、何か問題が起きたときにもできるだけ関わることを避けようとします。こうした発想ではいつまで経っても問題解決能力を身に付けることができず、課題があっても改善に向けた対応をしないため成長の機会もありません。

他責思考の人間がいると、苦労するのは周囲の人々です。明らかに本人のミスであるようなことも責任転嫁され、時に罪をなすりつけられたりもします。なんとかフォローしたとしても、本人は悪いと思っていませんから、謝罪も感謝の言葉もありません。反省することもないので、いくら言っても同じミスを繰り返します。

私も過去に一度、他責思考の持ち主と関わりあって、嫌な思いをしました。

友人の紹介で知り合ったのですが、いざ一緒に働いてみると、愚痴と言い訳ばかりで一向に仕事が進みません。友人の手前、すぐに付き合いをやめることもできず、しばらく共に過ごしましたが、ミスばかりする割にプライドが高く、問題を指摘されるたびに怒りだして、相手を選ばずにしょっちゅうトラブルを起こしていました。

周囲の人々の迷惑になっていると判断し、私はなんとか彼を現場から引き離そうとしましたが、今度は私に食って掛かり、しかも腹いせに根も葉もない悪い噂まで流そうとする始末で、ほとほと困り果てました。

そうした他責思考の持ち主と、進んで付き合いたいと思う人はまずおらず、人間関係においても、最も避けるべき存在です。

　これを転じて考えると、自らが他責思考になってしまったなら、人脈づくりはまずうまくいかないといえます。他責思考かどうかの一つの指標となるのが、言い訳です。「でも」「だって」「しかし」といった枕詞とともに言い訳ばかりしている人は、すでに他責思考に片足を突っ込んでいます。

　それを避けるためには、常に自責思考でいる意識を持つのが大切です。仮にチームの誰かがミスをしたとしても、ひとごととは考えず、「自分の伝え方が悪かったかもしれない」「自分がチェックする機会を設ければよかった」というように、自らの課題を見出すというのが、自責思考の特徴です。

　自責思考を習慣化することで、当事者意識が高まります。問題や課題についても、自分には関係ない、誰かがやってくれるだろうなどとは思わず、自ら行動して解決しようとします。

　また、反省や改善も進んでやっていくようになって学習能力が高まり、同じミスを起こさなくなります。主体性を持ち、達成すべき数字や目標を全力で追いかけ、責任感も強まります。

自らが自責思考のもとで行動できるようになれば、間違いなく周囲からの評価が高まります。取引先や上司からも信用され、より大きな仕事や、重要なプロジェクトを任されるようになるはずです。それに伴って周囲には自然に人が集まるようになり、困ったときにも誰かが助けてくれるいい環境が形成されます。

明暗がはっきり分かれる他責思考と自責思考ですが、その境界線となるのは、物事に対する自らの解釈です。事実というのは一つしかありませんが、それをどう解釈するかは、自分次第でいかようにも変えることができます。あらゆる物事を自分の問題としてとらえ、ポジティブに行動していける人のほうが人を引き寄せる力が強く、確実にいい人脈を築くことができます。それはすなわち、成功する可能性もまた高いということにほかなりません。

日頃から自責思考を育むには、目の前で起きている事象を自分にも関わりがあるものととらえ、「どのようにすればそれがうまくいくのか」を考えるようにするといいと思います。

例えば自分が製造部門にいるとして、営業部の業績が下がっているという課題があったなら、どういった製品をつくればより営業がしやすくなるかについて検討してみる、といった具合に、組織全体としての課題を自分事に落とし込むトレーニングをすると、自責思考が鍛えられていくはずです。

ギブアンド「ギブ」
から始めよ
見返りなんて
期待しなくても大丈夫

人脈をつくろうとするうえで心に刻んでおかねばならないのは、「都合のいい人脈をそう簡単につくれるわけはない」ということです。

こちらが相手を選んで声をかけているのと同じように、相手もまたこちらを値踏みしたうえで付き合うかどうかを決めるのですから、自らにそれだけの価値や魅力がなければ、そっぽを向かれてしまいます。

人脈づくりにおいて、これだけはやってはいけないという行動が一つあります。

それは、ただひたすら自分の要求を押し付けることです。人脈を築くうえでの大原則は、ギブアンドテイクです。互いに得るものがあるからこそバランスのいい関係を保っていけるわけで、自分にばかりメリットのある関係を望んでも、当然ながら受け入れられません。

少し考えればすぐに分かる話だと思うのですが、この点を理解せずに利己的に人脈づくりをしようとする人は、意外に多いと感じます。

私はこれまで業界内での交流会をはじめとしたたくさんの会を主宰してきましたが、そうした場で必ず一人は見かけるのが、人の時間、知識、労力を奪うばかりでなにも与えようとしない人です。

例えば、できるだけ有名な人や影響力のある人のところだけに行き、「名刺をください」「今度、仕事を紹介してください」と頼み込んだり、有益な知識や人脈を持っているであろう人に対して「自分にも儲かる情報を教えてください」「○○業界の人とつないでくれませんか」などと頼んで回ったりするばかりで、相手の都合などおかまいなしに声をかけまくります。

すべては無料、無償で手に入るのが当たり前と考え、自分にはそれに見合う価値があるのかなど、考えもしません。自ら努力して情報を集めようとはつゆほども思わず、すぐに人に教わろうとします。そうして情報や機会を与えてもらったところで、感謝を示すようなこともなく、むしろ少しでも気に入らなければ文句を言ってきます。

アメリカの心理学者、アダム・グラントは、こうした行動をとる人を「テイカー」と呼んでいます。彼によれば、人の行動様式は、自分の利益を最優先に人からさまざまなものを奪おうとするテイカー、反対に自らの時間、知識、労力を惜しみなく人に与える「ギバー」、そして損得のバランスを考慮して時にテイカー、時にギバーになる「マッチャー」と、大きく三つに分類できるといいます。そしてこのなかで、最も社会で成功しているタイプは、ギバーであると説いているのです。

人脈づくりにおいても、当然ながらテイカーでは成果を挙げることなどできません。特に自分のほうから「知り合いになりたい」と思って近づいていくなら、テイカーになるのは論外です。まずは相手に尽くすギバーとなって自らの価値を認めてもらうというのがスタート地点となります。

とはいえ、いくら相手に好かれたいからといって、利益をまったく求めずにギブばかりしていては、ただのいい人で終わります。あくまで仕事における人脈ですから、最終的には、自分や会社の利益を得るように持っていかねばなりません。そこはむしろ「欲張り上等」でよく、できるだけ利が大きくなる付き合い方を追求してほしいところです。

そのために必要なのが、互いにとって利のある関係を築くことです。相手から情報を一つもらったら、お返しに相手の役に立ちそうな情報を一つ提供する、困りごとを解決してもらったなら、相手からの相談にも乗る、というように、バランスよく互いを支え合えるような関係性をつくれば、それは間違いなく有用な人脈となります。

その際に意識したいのが、ギブとテイクの順番です。基本的にはまず自らがギブし、その返礼として相手が出してくれたものをテイクするようにすると、うまくいきやすいです。

ただし、若い頃はとにかく手持ちの札が少ないもので、相手のためにできることがどうしても限られてきます。

そこで意図的にギブすべきは、自分だからこそ手に入れられるような情報です。

例えば、今どきの大学生が何を考えているか、どういった価値観を持っているのかといった情報を集めるとして、年が近いからこそ聞き出せたり、共感できたりする部分があります。また、若者の間で流行しているものや、逆に廃れつつあるものといった情報についてもやはり自らが若い分、感度が高くいられるはずです。

そうして若い自分ならではの情報をストックし、惜しまず提供していくのを心がけることがいいと思います。そのほかに大切なのが、人々の興味関心がどこにあるか事前にリサーチしておくことです。ＳＮＳを見たり、人づてに話を聞いたりして情報を集めたうえで、その時々の相手が最も知りたい話をギブできれば間違いなく感謝され、関係性が深まります。

多くの人にとって有用な情報を出し惜しみせず発信している人の周りにも、自然にいい人脈ができあがっていきます。それを目指すため、まずは日々のニュースや業界の動向をこまめにチェックし、幅広く情報を仕入れるところから始めてみることが大切です。

格上相手にお世辞は不要
〝通〟な情報を浅く集め、
関心を惹け

仕事における人脈は、遊び仲間とは違い、気が合えばそれでいいというものではありません。人脈を広げようと思ったら、相手の肩書きや影響力を考慮し、最終的には自らにとってプラスになるかどうかを考えるはずです。

したがって必然的に、こちらから仕事上のつながりを持ちたいと思う相手は、自分よりも地位やポジションが高かったり、より強い影響力を持っていたりする人であることが多くなります。しかし、当然のことながら、そういった人とは簡単には関係を築くことはできません。

相手の身になって考えてみると分かります。仮に自分が、地元で名の知れた企業の社長だったとして、なんの実績も経験もない若者から「知り合いになりましょう、私と仕事をしましょう」と言われても、首を縦に振る人は皆無のはずです。

すでに社会的な地位を築いているような人物が、若く実績や経験に劣る自分と、進んで付き合ってくれる理由はありません。努力もせずアプローチをかけても、まともに知り合うことすらできないはずです。

実際に有名人や実力者、億万長者の周りには、富や名声に労せずしてあやかろうというテイカーたちがごまんと集まってくるもので、そうした人間を彼らは飽きるほど見ています。ただでさえ相手より劣っているのに、さらにテイカーの発想で近づいていっては、鼻で笑われて拒絶されるだけです。

幸運に恵まれて知り合いになっても、そこから先のビジネスの領域に行くなら、相手のニーズを満たすのは絶対条件です。相手が望むものを持っていなければ、すぐに疎遠になってしまうのは明らかです。

相手の地位や名誉に最初から怖気づく必要はなく、積極的にアプローチをかける姿勢を持つのはとても大切なことです。しかし、とにかく行動あるのみと、とりあえず講演会やセミナーに出掛け、行き当たりばったりで声を掛けるようなやり方では、彼らの信用を得るのは不可能であるといえます。

ではどうすればいいのかというと、まずは情報を集め、自分が相手に対しどう役に立てるかを考え抜くことです。自らに、相手の課題を解決できるような能力や人脈があれば、ギブアンドテイクが成立します。若いうちから、格上の人間にも役立つ能力や人脈を持っているというケースはそう多くないと思いますが、若さが生きるような領域についてなら可能性があります。

例えば現在では、大学生や20代前半の起業家が、インスタグラムやティックトックといったＳＮＳを活用したマーケティング事業を手掛け、成功しています。社会での実績や経験がほとんどない彼ら彼女らが、一部上場の大企業からの依頼を獲得できるのは、本人たちが若者であるという点が大きいはずです。

10代から20代前半までの若者からの支持を得ようと思ったとき、その感性を誰よりもよく理解し、潜在ニーズを引き出せる可能性が高いのは、同じ世代の若者にほかなりません。その意味で、いくら百戦錬磨のマーケティング会社であっても、大人では彼ら彼女らの代わりはなかなか果たせないもので、しかもＳＮＳを使いこなす能力においても、やはり子どもの頃から当たり前に慣れ親しんでいるぶん若者たちに分があるでしょう。そうした理由から、彼ら彼女らに依頼が殺到するわけです。

これはあくまで一例ですが、同じように若者であるからこそ役立てるような課題や困りごとを持っている相手に対しては、ギブアンドテイクの関係がつくれるはずですから、どんどんアプローチしていくべきです。

また、そうしてギブアンドテイクが成立する可能性がほとんどなくても、最初から諦める必要はありません。実際の仕事で結びつかずとも、相手を感動させたり、面白いと思わせたりすることができれば、つながりはつくれます。

そのためには、まずは自分が相手にとってプラスの存在にならなければなりません。相手と同じステージに立つのは無理でも、相手が興味を持ちそうな情報をストックして披露したり、自分の時間を惜しみなく相手のために使ったりして、相手に尽くし気を惹くことはできます。

若くして人脈づくりに長けた人は、常にこうした努力を欠かしません。自分本位ではなく、相手にとって自分はどう役に立てるのかという相手本意の発想で考えるのが重要となります。

ただし成功者の周りには、そうして尽くしてくれるギバーもまたたくさん存在するものです。そこで自分という存在を認識してもらうには、さらに一工夫が必要です。

差別化を狙って私が心がけてきたことが、いくつかあります。

まず、礼節を徹底するなかでも、相手が言われ慣れているような言葉をできる限り使わないようにしています。その代表的なものが、お世辞です。成功者に気に入られようと、多くの人はまず相手を持ち上げようとしますが、本人からすればお世辞などもう何万回も言われてきて、聞き飽きていると思います。むしろそれを言わず、褒めないほうが、他者との違いをアピールできます。

また、相手が好きな分野の話題を持ち掛けるのは誰しもが意識していることだと思いますが、私の場合にはその分野の情報を事前にしっかり深掘りしておきます。例えば、野球が好きな人に対して「ＷＢＣ（ワールド・ベースボール・クラシック）盛り上がりましたね、やっぱり大谷選手はすごいですね」と誰でも知っているような当たり障りのない情報を伝えても、それは「今日はいい天気ですね」と言っているに等しく、ほとんど意味がありません。

私ならそこで、同時期に行われていた選抜高校野球大会のことをあえて取り上げ、「〇〇高校にこういった選手がいたんですが、才能を感じました。もしかすると、今ＷＢＣで活躍している○○選手のようなプロ野球選手に成長するかもしれません」というようなつなげ方をします。

こうした際のポイントは、相手よりも少しだけ詳しい〝通な〟知識を披露するという点です。自らの興味関心のある分野の知識を持っている相手に対しては、自然に尊敬の念を抱くもので、それだけで一目置かれる可能性があります。

それに加えて私は、日々のニュースなどから面白そうなトピックを集め、自分から発信する準備もしています。特に相手の興味関心がどこにあるか分からないようなときには、さまざまな情報をぶつけ、リアクションを見ながらそれを探ることが重要です。そのためには自らが幅広い情報を持っていることが前提となります。そうやって「こいつはいろいろと物知りだ」と思ってもらえると、あとあと困ったときに相談してくれる可能性が高くなります。

そうして好感度を高めていった先に、仕事での付き合いが生じてきます。そして、仕事を通じ信用を得ることができたなら、そこからは強力な味方ができたも同然です。どんどん我を通し、自分のために動いてもらうようにお願いしても構いません。時にはその見返りとして、より高いレベルの要求が飛んでくるかもしれません。しかし、それをこなすのもまた自己鍛錬になり、成長につながります。一度信用を築いたら、どんどん欲張っていいのです。

嫌いな相手には、
むしろ近づけ
敵を知り、
己を知った先に
成果がある

世の中には、自分とはどうしても合わない人が存在するものです。

そうした人物と出会った場合、学生のうちはただ距離をとればいいだけですが、社会人ともなるとそう簡単にはいかなくなります。

例えば、嫌いな人が自分の上司になったなら、よほどのことがない限り自らの力で遠ざけることはできません。重要な取引先であったり、連携が必要な他部署の人であったりしても同様で、どれほど苦手な相手であっても、一緒に仕事をする必要があります。

そのような場合の対応として最も一般的なのは、我慢してやり過ごすというものです。たとえ理不尽なことを言われても、仕事を押し付けられても、とにかく耐えて波風を立てないようにする人が多いように思います。

一方で、戦いを選択する人もいるはずです。相手を嫌っていることを隠さず、理不尽なことや納得できないことを言われれば徹底的にやりあい、一歩も引かず渡り合おうとします。あるいは面従腹背で、うわべだけはうまく取り繕いつつ、実際には従わないで勝手な行動をとる人もいると思います。ただ、これらの対応は、実は両方ともいい結果にはつながらないことがほとんどです。

我慢してやり過ごすのにも限度があります。1カ月や2カ月ならなんとか耐えられても、この先何年我慢すればいいか分からないような状況では、メンタルがもちません。自分が会社を辞めるしかないというところまで追いつめられる可能性があります。

だからといって徹底抗戦すれば、組織内での自分の評価にダメージが及びます。たとえ相手をやり込めたとしても、遺恨により関係性は悪化の一途を辿り、必ず仕事にマイナスの影響が出るものです。仕事はチームでやるものですから、結果として成果が出なければ一蓮托生で社内での立場が悪くなっていきます。最もやってはいけないのは、自分よりも弱い立場の人を、嫌いだからという理由で追い込むことです。

私は中学時代、気に入らない相手を徹底してたたいてきましたが、強いほうは覚えておらずとも、やられたほうはそれを一生、覚えています。

ある日、私の会社の営業マンがとある経営者に営業をかけに行った際、名刺を見た瞬間に相手の顔が歪み、それまで穏やかだった態度が一変したといいます。

「お前、あの会社の人間か、あんなやつのところに仕事なんて絶対に出さない、今すぐ出ていけ！」

そう怒鳴られ、ほうほうの体でその場を逃げ出したそうです。

あとで分かったのですが、その経営者は私が昔、馬鹿にしていた同級生でした。きっと私に殴られたのを昨日のことのように覚えていて、怒りが湧いてきたのだと思います。

自分の過去の恥ずべき行いで営業マンを傷つけてしまったのを私は大いに恥じましたし、その経営者にも申し訳ない気持ちでいっぱいになりました。このような事態を招かないためにも、嫌いだからと相手を徹底的にやり込めるのは避けるべきです。

私は嫌いな相手や苦手なタイプにこそ、あえて近づいていくようにしています。この人は合わないな、尊敬できないなと思うほど、自分から話しかけ、ある程度の時間を費やしてコミュニケーションを図ります。

自らの判断で離れられないなら、嫌ってばかりいてもなにも始まりません。できるだけ自分にかかるストレスを減らし、かつ仕事の成果もきっちりと出すためには、まず相手について知る努力をすることから始める必要があります。

　第一印象が悪かったり、よくない噂を耳にしたりして、なんとなく嫌っていたけれど、よく話してみればそこまで悪い人間ではなかったというケースは、実はよくある話です。一方的に心を閉ざしていたのは自分だけで、相手は歩み寄る努力をしていると気づいたりもします。そうした誤解によって人間関係が悪化するのを防ぐためにも、苦手な人ほどしっかりとコミュニケーションをとらねばなりません。

　相手について分かってきたけれど、それでもやはり合わないな、と思うときもあれば、むしろさらに嫌いになるケースも考えられます。そんなとき私は、これまで仕入れた情報をもとに、自分はいったい相手の何が嫌なのか、どこが気に入らないのか、一つひとつの要因を分析していきます。例えば、自分の言うことにいちいち反論してくるのに腹が立つとして、その背景にあるのは、仕事に対する根本的なスタンスの違いであると結論付けたとします。そこまで分かっていれば、相手のスタンスを考慮しつつうまく自分の主張を表現することで、反論をある程度抑えられるはずです。

　神経質で、ねちねちとしつこく絡んでくるのが嫌だとして、そのような態度に出る理由は相手が思いのほか小心で自らの失敗を恐れているからだと考えることがポイントです。こまめに報告を入れて安心させれば絡まれる回数が減ります。

「敵を知り、己を知れば百戦危うからず」という孫子の有名な言葉がありますが、相手と自分を分析したうえで対策を練って衝突を回避するのが、結果的に互いのストレスを減らし、仕事への影響も抑えられる最も効率的なやり方なのです。

世界は絶対的に不平等
人を使う側になれ

会社に入って、人間関係における最初の壁になりやすいのが、上司との関係です。転職という選択をする若者のなかには、退職理由にこそ書かないものの、実は直属の上司と働くのが嫌になったという人が、かなりの数いるようです。

上司を嫌いになる理由としてよくあるのが、理不尽さです。

詳しい説明もないままハードルの高い要求をしてきて、いいからやっておけ、黙って従えばいいんだというように突き放すのがその典型例です。

これを自分視点で見てしまえば、説明もなく無茶な要求をしてくる相手が間違っているという結論になり、上司に対してできるわけがないと訴えます。そして訴えの正しさを認めさせるべく、できない理由をいくつも挙げることと思います。

確かに無茶な要求をする上司の側にも問題はありますが、仮にできないと突っぱねることができたとして、その後どうなるかというと、ただ確執だけが残ります。それを繰り返していても次第に関係性が悪化してその上司の下で働くのが嫌になり、結局退職に至る可能性もあります。

　このような上司が典型的ですが、無茶と思えるような要求をしてくる人は、世の中にごまんといます。私も、建設現場の監督たちにはしょっちゅう無茶ぶりをされ、そのたびに途方に暮れたものです。

　しかし、それが相手の愛情なのか、それとも嫌がらせなのかはさておき、そうした要求を前にして、できない理由を探すばかりでは、なんの生産性もありません。

　要求を退けた時点で、成長の機会は失われます。今の自分では難しいと思えるような壁を越えることで人は成長していくわけですから、ハードルの高い仕事にトライできるのはチャンスであるととらえたほうが建設的といえ、それで上司との関係性の悪化も防ぐことが可能です。

　また、上司の側も悪意があったわけではなく、むしろ成長の機会を与えようとした可能性があるとも考えられます。その要求に応えることができれば昇進につながるような千載一遇のチャンスだった可能性もあるのです。仮に、本当にただの悪意から無用な仕事を押し付けられたのだとして、たとえ失敗したとしても、私ならそれを上司のせいとは考えません。

私自身、建設現場では既得権益をなんとか守ろうとする輩たちからしょっちゅう嫌がらせを受け、大変な仕事を押し付けられていました。

しかしそこで私は、彼らに反発したり、発注元に訴えたりはしませんでした。それでさらに嫌われてしまえば自分の仕事がうまく回らなくなる恐れがありますし、結果として自らの評価が下がると分かっていたからです。ですからいちいち逆らわず、むしろ「そんなことをされるポジションにいる自分が情けない」と反省し、その悔しさを原動力に、一刻も早く成果を挙げて認められるよう努力をしました。

理不尽と思える仕事も、受け止め方次第で自らの力に変えることができるというのは、知っておきたいところです。理不尽さに加え、上司を嫌いになる理由として多いと感じるのが、「上司の能力不足」です。

近年は、ゆるい職場で働くのを嫌がる新入社員が出てきたといわれていますし、そうした人々にとっては特に、能力が低いと感じる上司の下で働くのが頭痛の種となります。そして次第に「無能でロクに働かないような人間が上司なのは納得できない」という怒りを抱えるようになり、なにかにつけて反抗するようになったり、次第に相手を見下すような態度をとったりしがちです。上司の側もそれを察して、当然のように関係性が悪くなっていきます。

ただ、いくら能力が低かろうが、その上司の許可がなければ仕事は進まず、評価されなければ昇進もできないというのが現実です。関係を悪化させるほど、自分にとって不利益となります。

この場合も、受け止め方を変えることが大切なのです。上司の能力が低いなら逆に扱いやすいともいえますから、うまく懐柔すれば思い通りに動かせるようになります。また仕事では尊敬できずとも、人間的には何かしらいい部分があります。それを見つけ出して、そこに目を向ける努力をすることで、上司の印象を変えられる可能性もあります。

そもそも、社会では仕事ができる人が必ずしも上に登っていけるわけではありません。仕事ができなくとも有力者のご機嫌取りだけで出世していく人は、いつの時代にも存在します。

そのような無能な上司を見れば腹が立ち、嫌悪感を抱くかもしれませんが、残念ながら世の中とはそうした不平等なものなのです。そんな現実を変えたいなら、人に使われる立場から、人を使う立場になるしか方法はありません。今の上司が嫌だから、この会社のトップをとる……若い人たちにはそれくらいの気概を持って仕事をしてほしいと思います。

嫌われる勇気を持て
我を通し続ければ
本物の人脈ができる

社会に出ると、常に自分の思い通りに行動するのは難しくなります。

特に新しいことを始めようとするような場合、反対する人間が必ずといっていいほど現れます。日本では、普通が一番、みんなと同じほうがいい、という価値観が未だに根強く、前例のないものに対し強い不安を抱く人が多いのです。

私も、20歳で会社を始めたときや、新事業への参画を決めたときなどは周囲から大いに反対され、なかには邪魔しようとする人さえいました。

そうした行動をとる人々には、特徴があります。保守的で、自分がやったことのないものに対し、そう簡単にうまくいくわけがないという単純なイメージだけで反対するのです。そこに、論理的根拠などありません。この条件反射ともいえる反応は、人間の脳の仕組みと関係しています。脳には本能的に変化を嫌う傾向があります。過去に学習した親しみのあるものをより安全と考え、そこにとどまろうとしたがるのです。

自分が組織に新たな変化を起こそうとしているときにも、保守的な発想の人はそれについてこようとはしません。「あいつはおかしい」「昔と変わった」などと言って、変化が自分のコミュニティに及ぶのをなんとかブロックしようとします。また、自らの発想の枠には入らない〝異物〟の存在が気にかかり、ときに相手を攻撃することで自分の優位性を保とうとさえするものです。

現状よりも高みを目指す人と現状で満足している人では、視点も発想もまったく異なってきます。もし自分が変化を求める側の人間なら、まったく敵をつくらないというのは難しいものです。そもそも関係がうまくいっていないような相手はもちろん、今までいい関係を築いていたはずの人さえも、敵に回る可能性があります。保守的な人が変化を恐れる気持ちというのはそれほど強いものだと考えています。

ただし、そうした人々にとらわれてしまえば新しいチャレンジはできず、成長が止まります。したがって自分が変化し続けたいなら、時に人脈を整理し刷新していくことが求められます。いつでも、誰とでもつながることができる時代だからこそ、今の自分が付き合うべき相手を見極めていかねばなりません。

例えば学生時代の友人などは、確かに居心地のいい相手です。しかし時が経ち、互いの立場や価値観が変わってくれば、関係性もまた変化してしかるべきです。青春時代の思い出は確かにいいものですが、それにばかりとらわれて、友人たちのコミュニティでだらだらと過ごしてしまうと、今の自分にとって真に必要な人々に振り分けるべき時間が失われかねません。

私の経験からいっても、会社を興すと決めたときに、悪い仲間とのつながりを思い切って立ったことで、今があると感じます。もしあのとき、自らの事業に悪い仲間が入ってきたなら、暴走族時代の延長のような組織となり、あっという間に問題が起きて、すぐに潰れてしまったはずです。

過去の人脈は、定期的に整理していくのを勧めます。人脈を整理しようとすると、やはり抵抗に遭いやすいのです。心理学で、人は自分と同じ行動をとる相手に好意を持つとされ、「ミラー効果」といいます。また、会う回数が多いほどその人に対する親近感が上がる「単純接触効果」というものもあります。こうした効果から、人はこれまでで築いた人間関係を維持しようとし、そこから外れようとするものを否定したがる傾向があります。

したがって人脈を整理するにあたっても、周囲から嫌われてしまうこともありますが、そこで怖気づいてはいけません。「事なかれ主義」では、いつまで経っても成長できません。たとえ一部から嫌われたとしても、それを補ってあまりある未来の人脈は必ず存在しています。新たなステージに進むときにその足を引っ張るような人脈は、たとえ嫌われ、非難されてでも、勇気を持ってバッサリと切ってしまうべきです。逆説的になりますが、成功するための人脈を築くなら、人に好かれようとは思わないことです。

みんなから好かれたいという意識があると、「少しでも自分をよく見せよう」と考え、本音や弱さを隠して偽りの自分を演じがちです。そうすれば確かに周囲に人は集まってくるでしょうが、それはいわゆる広く浅い関係に過ぎません。何かあった際に互いを支え合うような信頼関係のある真の人脈とは程遠いものです。

そのように自分を偽って人脈を築こうとするくらいなら、最初から人に好かれなくていいと考え、我を通し続けていくべきです。それで一部の人から嫌われても、一方で自分の理解者も必ず現れます。そうした人々と、真の人脈をつくっていけばいいと考えています。

第4章

ヤンキー流処世術で閉塞感を打破し、デキる大人に変わる

デキる大人に変わるため

ここまで私が培ってきたヤンキー流処世術を語ってきましたが、それらはすべてどん底から人生をはい上がるなかで身に付けてきたものです。仕事、カネ、人間関係に分けて展開してきましたが、それぞれの処世術を実践していけば日々抱えている閉塞感を打破し、これからデキる大人に生まれ変わることができます。

私自身も10代の頃を振り返れば、デキる大人になれるなんて微塵も考えていませんでした。自分のやりたいことも、やるべきことも分からず、ただ毎日を過ごしていました。

もともと空手をやっていて腕っぷしが強く、負けん気もまた強かったので、中学校でけんかになれば連戦連勝でした。田舎の中学生というのはいつの時代も、けんかが強いか、スポーツができるかを一つの基準に、序列をつけたがるものです。いつしか私は、学校の番長となっていました。そこからはけんかの相手を他校に求めるようになり、近隣の中学校をいくつも従えていって、悪い仲間もどんどん増えていきました。そして気づけば私の周りには30人ほどの仲間が集い、暴走族という一つの組織ができあがったのです。

暴走族はいわば裏社会の登竜門であり、ある程度の規模のチームの総長ともなると、期待の新人としてやくざからスカウトが来ます。

私が18歳の頃から勧誘がかかるようになり、特にやりたいこともなかったため、自分はいずれ裏社会に行くのだろうなと、なんとなく考えていました。

そして、どうせやるなら日本一のやくざを目指そうと、一般企業でいうインターンのようなことをいろいろとやったのですが、次第に興味を持てなくなっていきました。

私のなかでやくざ業界は、義理人情、任侠を大切にするイメージだったのですが、実際には極めてビジネスライクで、仁義よりもお金がモノをいう世界でした。加えて、やはり反社会勢力として一生を送る決心がつかず、私は次第に悪い仲間や裏社会から、距離をとるようになりました。

かといって特に新たな目標があるわけではなかったですし、中学すらまともに通っていない自分に、できる仕事もほとんどありませんでした。

夢も、希望も、目標もなく、解体屋をはじめとした肉体労働をして日銭を稼ぎながら漫然と過ごしていました。私の人生でまさにどん底の日々だったといっていいと思います。

そうした日常から本気で抜け出そうと考えるきっかけとなったのが、成人式でした。

成人式で知った現実

その日は気持ちよく晴れ、朝から冬らしい淡い色の空が広がっていたことを覚えています。昼前に目を覚ました私は、タバコが切れていることに気づき、パジャマの上にガウンを羽織って車に乗りました。当時の唯一の趣味といってもいいのが車であり、解体現場で働いたお金のほとんどをつぎ込み、高級車を派手に改造して乗っていました。

コンビニから出て車に乗り、赤信号で停まっていたとき、人々の歓声が聞こえた気がしました。何気なくあたりを見回すと、曲がった先にあった市民会館の駐車場に、華やかな服を着た男女が集まっています。

「ああ、今日は成人式だったか」

そう独り言をつぶやき、私はウインカーをつけました。このまま成人式の会場に行ってみようと思ったのは、ほんの気まぐれでした。駐車場に入っていくと、車が目を惹いたのか、何人かが周囲に集まってきました。そこで車を停め、窓を開けるとさっそく、かっこいい車だねと声を掛けられたのです。

その相手を見れば中学時代の同級生でした。思い返せば、彼にはかなりきつくあたっていたはずなのですが、そんな過去はすべて忘れてしまったかのように、笑顔で話しかけてきたことに、私は若干面くらいました。彼は実家の車屋を継いで働いていると言いました。その周囲にいた友人たちも、大学に通ったり、工場に勤めていたりと、さまざまな立場になっていましたが、全員に共通していたのは、中学や高校時代とは比べ物にならないほど、落ち着いていたということです。

ああ、この人たちはみんな、これから社会でまじめに生きていくための準備をしているんだと、私は思いました。するとなんだかいらいらしてきて、それを紛らわすように虚勢を張ったのです。

「お前ら、つまらん人間になったの」

そう言い放ち、エンジンをふかして爆音を鳴らしました。

以前であれば、みんなその音に驚き、怖がって離れていったと思います。しかしそのときは違いました。そして同級生の一人から、冷めた目で「まだそんなことやっているのか。いい加減大人になれよ」と言われたとき、私はなにも言い返すことができず、そのまま会場をあとにしたのでした。自分が昔、馬鹿にして、相手にもしなかった同級生たちといつの間にか立場が逆転し、馬鹿にされる側になっていたことに、それまで私はまったく気づくことができなかったのです。

このままではいけない。絶対にあいつらよりも、社会で成功してみせる――。そう心に決めました。

低賃金の仕事をさらう

社会的な成功として、真っ先に頭に浮かんだのが、社長でした。カネもコネも人脈もない20歳の若者が、いきなり社長になれるはずがないなどとはまったく考えていません。無知だったからこそ、迷わず行動に移せたといえます。私はさっそく、つるんでいた仲間たちに声を掛けました。

「おれは社長になるけれど、一緒に働かないか」

そう勧誘していったのですが、ほとんどの仲間から「まじめに働くなんて馬鹿らしくてやってられない」と断られてきました。結局、首を縦に振ってくれたのは2人だけです。

こうして1991年、私は会社を設立したのです。どんな事業をやるかについては、唯一これまで関わったことのある、建築業しか選択肢が思い浮かびませんでした。

まずはよく働かせてもらっていた解体業者のところへ行き、自分のほかに2人、新たに使ってほしいとお願いすると、快く引き受けてくれたのです。当時はバブル末期でしたが、建築現場は人不足で猫の手も借りたい状況だったからです。日雇い労働者の給料もまだまだ高く、2万5000円という現場もざらにありました。しかし私は、割安な1万8000円で仕事を引き受けるようにしました。社員2名にはそこから仕事の紹介料として3000円を引いた1万5000円を渡し、自らの日当と併せ2万4000円というのが、事業として最初に稼いだお金でした。

そうして働きだしたのをきっかけに、私のもとには「若くて活きのいい働き手を紹介してほしい」という声が掛かるようになります。そこで昔のつてを頼り、働きたいという仲間がいればどんどん工事現場に送り込んでいき、紹介料をもらいました。スタートは、建設業者というより人材派遣業者だったといえます。

その後、私の会社には順調に仕事が集まりました。その理由として一番大きかったのが、1万8000円という安い給料で働いたことです。実績や信頼がない分、同じ金額ではほかの業者に負けてしまいます。生き残るには、低賃金の仕事をさらうしかなかったというのが実情でした。

しかしそれをきっかけに、複数の現場に顔を出すことができるようになり、徐々に知名度が上がりました。また、職種にこだわることなく、足場を組んだり、船の荷物を運んだり、現場の清掃を請け負ったりと、「何でも屋」としてあらゆる依頼に応えていたのも、現場において使い勝手がよかったのだと思います。

1994年、会社の資金が300万円貯まったタイミングで有限会社となりました。自社のマークを考案し、それをつけたヘルメットをかぶったときには、とても誇らしい気がしたのを今でも覚えています。

ヤンキー流処世術で、海千山千の業者と渡り合う

その後、仕事の指揮が一人ではさばききれなくなってきたので、有能な人間を親方とし

て独立させ、私の会社の下請けとなってもらいました。社員数は7名、下請けは10人ほどで、年商5000万円くらいであったと記憶しています。

当時の私は本当に死に物狂いで働いていました。給料を払えないほどかっこ悪いことはないと思い、全員に仕事を行き渡らせるべく休みなしで営業に走り回っていたのです。このとき、仮に誰かから経営のいろはや考え方を教えてもらえていたなら、もう少しうまく人脈をつくり、よりスムーズに仕事を広げ、余裕を持った経営ができたはずです。

しかし当然そんな人はおらず、すべてを一から学んでいかねばなりませんでした。この頃が一番苦労した時期であり、時間も大きくロスしました。

まだまだ若く無知であったこともあり、営業先ではしょっちゅう馬鹿にされ、足元を見られていました。

しかしただやられっぱなしでは、面白くありません。なんとか対等に渡り合うため、さまざまな試行錯誤をした結果、たどり着いたのがヤンキー流処世術でした。

そしてヤンキー流処世術を身に付けたことで、地道な営業活動を続けることができ次第に営業の成果が上がりだしました。このタイミングでようやく私は、いっぱしの社会人になれた気がします。

苦労したかいがあって、会社は着実に成長していきました。ただしそのスピードは速いとはいえず、自分のなかではやはり、時間をロスしている感覚がありました。

さらに会社を広げていくため、私が目標としたのが、大手ゼネコンの名義人（一次下請け）になることでした。ただし、できて数年の小さな会社がいきなり営業をかけても、まったく相手にしてはもらえません。

とにかく知り合いをあたり、細い糸をひたすらに手繰っていったところ、ようやく広島県に本社を置くY組というゼネコンの重役とつながっている人にたどり着きました。

そしてその人になんとか頼み込み、直接重役と会える段取りがつきました。

さっそく広島に重役を訪ねていったところ、幸運にも相手は私のことを大いに気に入ってくれたのです。徹底して礼節を大切にしたのがよかったのか、「若いくせにしっかりしとる」と、褒めてもらいました。

ところがそれから半年経っても、なんの音沙汰もありません。私はしびれを切らし、電話をかけました。忙しいと怒鳴られようが、嫌がられようが、なんとしてでももう一度会う機会をつくってもらうつもりだったのです。

「楢村です、お忙しいところすみません」

「おお、お前か。よう電話してきたな、待っとったよ」

柔らかな口調でそう言われ、私はキツネにつままれたような気分でした。これはあとから聞いた話ですが、その重役はあえて自分から連絡を入れないことで、私の主体性を試していたといいます。本当にやる気と根性があるなら、再びアプローチしてくるだろうというわけです。

そこからの展開は実に早いものでした。すぐに県内の現場につれていかれ、その統括者であった現場所長に「おい、こいつを使ってやってくれ、だめなら切っていいから」と声をかけてくれました。親会社の重役から言われれば、現場は従うしかありません。それで初めて受けた仕事は、現場の足場工事でした。

その所長は、業界でも一、二を争うほど厳しいことで有名で、周りから恐れられていましたが、なんとか気に入ってもらえ、継続的に仕事が来るようになりました。こうして、１９９６年に晴れてＹ組の名義人となったことで、私の会社は一気に成長していきます。

仁義を守り人に尽くせば、必ず報われる

そこから2年間は、すべてがうまくいっていた時期でした。営業をかけずとも仕事が途切れることはなく、売り上げも1億円、2億円と倍々に増えていきました。

しかし1998年に、状況は一変します。ある日、私の携帯電話が鳴りました。画面を見ると、親しくしていた協力業者の名前が記されていました。

「楢村さん、潰れた、潰れたで！」

相手は開口一番、そう言いました。

「潰れたってどこが」

「Y組や、Y組！」

私はしばらく、口を開くことができませんでした。そんな気配などまったく感じたことはなく、まさに寝耳に水だったのです。その後、知り合いを通じてさまざまな情報が入ってきました。Y組の倒産にあたり、金融機関や業者から雇われた弁護士たちが、本社に大挙して押し寄せ、一円でも多く債権を確保しようとしているといいます。

当時の仕事の99％は、Y組からのものでした。そして工事代金が未払いの仕事もいくつもありました。本来なら私も、債権者の一人として血相を変えて飛んでいき、なんとかお金を回収するべきだったのかと思います。しかし私は、ずっとお世話になってきたY組に対し、お金を取り立てるようなまねはどうしてもできませんでした。経営者としては失格かもしれませんが、私なりの仁義として、倒産したからと後ろ足で砂をかけるような行為はとれなかったのです。

私はむしろ、倒産直後から社員たちをY組の本社や建築現場に派遣し、残務処理の手伝いをお願いしました。

「掃除でもなんでもいい。きっと困っているだろうから、できることをやってきてほしい」

そんな風に頼むと、社員たちも快く協力してくれました。当然ながら、そうして尽くしても対価がもらえるわけではなく、あくまでボランティアです。それが私流の、Y組への恩返しのつもりでした。

一方で私は、次の仕事を探すことに労力を注いでいました。その時点で、仕事のほぼすべてが消滅したことになりますが、だからといって絶望したわけではありません。常に最悪の事態は想像してきましたから、それが現実になっただけという感覚でいました。確かに、今後の経営をどうすべきかしばらく考え込みましたが落ち込んだりはしませんでした。

とはいえ、創業以来最大のピンチに陥ったことは間違いありません。業界内では私の会社も共倒れになるだろうと、悪い意味で注目を集めていました。目を見張るスピードで私の会社が成長していただけに、きっと周囲の同業者たちは、ざまあみろと思っていたに違いありません。

しかし私は、業界内の冷ややかな視線のなかに、一筋の光を見出しました。そして実行したのが、株式会社化でした。当時はまだ1000万円の最低資本金がなければ株式会社になれない時代でしたから、わずかにあった内部留保のほとんどをつぎ込んで設立しました。

なぜこうした行動に出たのかというと、まさにハッタリにほかなりません。株式会社化することで、Y組がなくなってもまだまだ余裕があると業界内にアピールし、信用の低下を防ごうとしたのです。実際には、息も絶え絶えだったわけですが、自社の動向に注目が集まっていた分ハッタリの効果は大きく、倒産説は次第に沈静化していきました。

すると、思いがけないことが起きました。Y組の倒産後、別の建設会社やゼネコンに散っていった、元Y組の現場監督や所長たちから、仕事の依頼が続々と届き始めたのです。

「一番つらいときに、支えてくれたのはあなただけでした」

「必ず恩返しをすると、決めていました」

現場監督や所長たちは口々にそう言ってくれました。結果としてY組の倒産から1年ほどで業績は回復し、なんとか生き残ることができ、現在に至っています。

こうして振り返ってみると、結局のところ最後にモノをいうのは、深い信頼関係で結ばれた人脈であると感じます。その意味で、仁義を守り、誠実に人に尽くすことこそ、人生をよりよく変える最高の処方箋なのかもしれません。自分が若者だった時代が遠い記憶となった今、私が思うのは、自分と同じように社会で奮闘し、時に途方に暮れ、あがいている若者たちに少しでも私の経験を伝え、ロスのない人生を送ってほしいということです。

ヤンキー流処世術を一つの道標とすれば、私がそうだったように、きっと社会という舞台で結果を出し、デキる大人へと変わることができるはずです。どうか未来への希望を捨てず、自分を信じて歩んでいってほしいと思います。

おわりに

私が会社を創業してから、30年以上もの時が流れました。

中身はヤンキーのまま、勢いだけで社会に飛び出した自分が、50歳を超えた今でも経営の道を歩き続けているなど、正直まったく想像もしていませんでした。

現在の私があるのは紛れもなく周囲の人々のおかげであり、特に人生の先輩たちが私に手を差し伸べ、引き上げてくれたからこそ、会社がここまで成長してこられたのだと思っています。

そうして支えてきてくれた人々へどう恩返しをすればいいか、私はずっと考えてきました。そして私は、受けた恩を直接返すのではなく、次世代を担う若者たちを導き、自らが受け継いだバトンを少しでもいい形で託すことを、自らの役割にしようと決めました。

私にとって最も身近な若者といえば、社員たちです。彼ら彼女らには、まずは人に対する思いやりや感謝の気持ちといった、人生をよりよく生きるためには欠かせない、人としての正しいあり方を伝えています。

社会に背を向け、暴走族の看板を背負っていた私が、若者に人としてのあり方を示すなどおこがましいとは思うのですが、むしろ一度ドロップアウトした経験があるからこそ、本当に大切なものはなにかが、身に染みて分かりました。そうして学んだ人生のエッセンスを、本書にはふんだんに込めています。


現代の若者は、夢や希望を抱きづらい環境にあり、閉塞感を抱えているというのは、本書で述べてきたとおりです。

これから先、どう生きればいいのだろう。将来が見えず、不安ばかり募り、自分が今、なにをすればいいかも分からない――。

そうした気持ちは、本当によく分かります。なぜなら私が社会に出る前も、同じように感じていたからです。

その意味で本書は、将来を見失って途方に暮れていたあの頃の自分に向けて、書いたものでもあります。

もし当時、こんなことを知っていたら、よりロスが少なく、もっと効率的に人生を歩んでこられただろう――。そう思いながら、ここまで書き綴ってきました。

10代、20代は、脳も心も柔軟で吸収力も高く、努力するだけ成長できる、すばらしい時代です。人生でその時間の価値は計り知れず、若き日々をどのように過ごすかで、その後の生涯がまったく違ったものになります。

若く体力のあるうちに、山を登れるだけ登ってしまえば、より高みへと到達することが可能です。だからこそ、できるだけ失敗をせずにロスのない道を行き、時間を最大限に活用してほしいのです。

そのためにまずすべきは、山へ向かって一歩踏み出すことです。

現状にとらわれ、不安や絶望でがんじがらめになっていては、未来へと歩を進められません。閉塞感を打破するためにも、恐れず現状を変える勇気を持つのが大切です。

ただし、よく考えもせず勢いだけで新たなことに突っ込んでいくというのは、勇気ではなく蛮勇です。それでうまくいく可能性もあるでしょうが、蛮勇はいつか身を滅ぼします。

勇気とは、人々が恐れる物事に対し、冷静で理性的に立ち向かっていくことにほかなりません。リスクを想定し、しっかりとした準備をして勝率を高めたうえで、新たなチャレンジするというのが、勇気ある行動なのだと私は思います。時にそれは遠回りに感じるかもしれませんが、蛮勇をふるって失敗を積み重ね、そのたびにリセットされるよりも、実ははるかにロスのない道です。

ヤンキー流処世術が、そんな道を歩むための地図となり、迷いなく人生を進む一助となったとしたら、本当に幸せです。

２０２３年６月吉日

櫓村貴宏

楢村 貴宏（ならむらたかひろ）

1971年、岡山県総社市で3人兄弟の次男として生まれる。中学2年時から不登校になり、地元の高校に進学するも1年あまりで中退。その後は街中で日々けんかを繰り返したほか暴走族に加わり、警察にも何度もつかまり鑑別所や留置場に数回入るなど、荒れた思春期を過ごした。20歳のときに成人式で知人らに出会い改心。社長になろうと考え、とび職の楢村組を創業。3年後には土木事業を手掛ける有限会社ナラムラを立ち上げ、1999年には株式会社ナラムラに組織変更した。不動産事業、土木工事、建築工事など手広く事業を展開している。

本書についての
ご意見・ご感想はコチラ

デキる大人に変わる
ヤンキー流処世術

二〇二三年六月一六日　第一刷発行

著　者　楢村貴宏
発行人　久保田貴幸
発行元　株式会社 幻冬舎メディアコンサルティング
〒一五一-〇〇五一　東京都渋谷区千駄ヶ谷四-九-七
電話　〇三-五四一一-六四四〇（編集）
発売元　株式会社 幻冬舎
〒一五一-〇〇五一　東京都渋谷区千駄ヶ谷四-九-七
電話　〇三-五四一一-六二二二（営業）
印刷・製本　中央精版印刷株式会社
装　丁　弓田和則

検印廃止

Printed in Japan　ISBN 978-4-344-94685-9 C0036
幻冬舎メディアコンサルティングＨＰ　https://www.gentosha-mc.com/